Auf den Spuren von Marcel Proust

Normandie, Île de France,
Genfer See

Zum Andenken an unsere Tochter Marjolaine, die unser Leben wie ein Komet durchquerte, zum Andenken an ihre Cousine Fanny Bouchart und ihren Cousin Frédéric Bouchart, für die die Uhr des Lebens allzu früh stehenblieb.

Die Deutsche Bibliothek – CIP-Einheitsaufnahme
Auf den Spuren von Marcel Proust : Normandie, Île de France, Genfer See / Text von Nadine Beauthéac. Fotos von François-Xavier Bouchart. Aus dem Franz. von Sylvia Strasser. – Hildesheim : Gerstenberg, 1999
Einheitssacht.: Les promenades de Marcel Proust <dt.>
ISBN 3-8067-2854-2

Aus dem Französischen übersetzt von Sylvia Strasser

Die Originalausgabe erschien unter dem Titel
Les Promenades de Marcel Proust 1997 bei
Les Éditions du Chêne-Hachette Livre, Paris.
Text von Nadine Beauthéac
Fotos von François-Xavier Bouchart

Satz bei Fotosatz Ressemann, Hochstadt
Printed in France
ISBN 3-8067-2854-2

Auf den Spuren von Marcel Proust

Normandie, Île de France, Genfer See

Text von
Nadine Beauthéac

Fotos von
François-Xavier Bouchart

Aus dem Französischen von
Sylvia Strasser

Gerstenberg Verlag

Inhalt

Von der Physiognomie der Landschaft

Die beiden Klischees, die der Nachwelt von Marcel Proust überliefert worden sind, das des Dandys mit einer Vorliebe für glänzende Auftritte in den Salons und das des Asthmakranken, der sich in seiner Pariser Wohnung verkriecht, tagsüber schläft und nachts arbeitet, die Einsamkeit einzig unterbrochen von kurzen Arztbesuchen und seltsamen Räucherbehandlungen, haben dazu beigetragen, das Bild einer oberflächlichen oder langweiligen Person zu erschaffen. Nichts könnte falscher sein, denn bei näherem Hinsehen offenbart sich ein Mensch, der neugierig auf die Welt und das Leben ist. Der Schriftsteller der Nacht, das »seltsame Wesen, das, während es darauf wartet, daß der Tod es erlöst, bei geschlossenen Fensterläden, abgeschieden von der Welt, unbeweglich wie eine Eule lebt und wie jene einigermaßen klar nur im Dunkel sieht« *(Auf der Suche nach der verlorenen Zeit. Sodom und Gomorra)*, war einst ein kleiner Junge gewesen, der die Natur und die Blumen liebte und bei jedem Wetter kilometerlange Wanderungen durch Wiesen, Wälder und Felder unternahm. In jungen Jahren entdeckte er die Normandie und ihre Apfelbäume, die Küstenlandschaft und die Gerüche der See, und später wandelte er, mittlerweile ein belesener, gebildeter Mann, auf den Spuren eines für sein ästhetisches Denken gerühmten englischen Kunstkritikers, um sich eine unbekannte Dorfkirche anzusehen oder die berühmtesten religiösen Kunstwerke des Mittelalters zu bewundern.

Proust war ein eifriger Leser von Kursbüchern und Reiseführern: Die Namen der fremden Orte und fernen Länder nährten seine Träume, denn die Geschichte ihrer Herkunft faszinierte ihn. Er war zu Fuß unterwegs, reiste per Kutsche und per Eisenbahn und benutzte auch das Automobil, jenes Fortbewegungsmittel, das ihn, ungeachtet seiner jeweiligen körperlichen Verfassung, überallhin bringen konnte und ihm ermöglichte, binnen eines Tages auch entferntere Ziele zu erreichen. Für jede noch so kleine Reise trug er eine umfangreiche Materialsammlung zusammen, war aber auch imstande, Abstand zu nehmen von dieser intellektuellen Betrachtungsweise, um sich statt dessen von seinen Gefühlen leiten und den Zauber eines Ortes auf sich wirken zu lassen.

Überall in Prousts Werk finden sich Beweise für seine glühende Liebe zur Natur. Nichts habe ihm reinere Freude bereitet als die Beschreibung von Landschaften, stellte einer seiner besten Freunde, der französische Diplomat Robert de Billy, nach dem Tod des Schriftstellers fest. Und Proust selbst bat den ebenfalls mit ihm befreundeten Schriftsteller Robert de Flers, der im *Figaro* das Erscheinen von *In Swanns Welt* ankündigen sollte, in einem Brief Anfang November 1913, er möge betonen, daß es sich »um einen Roman (handelt), der zugleich voller Leidenschaft und Betrachtung und auch Naturschilderungen ist« *(Briefe zum Werk)*.

Die Wallfahrt zu den Pilgerstätten der Ästhetik erwies sich für Proust als äußerst lehrreich: Mit den Augen des Künstlers dieselben Werke und Bilder zu betrachten, die dieser betrachtete, ist nichts anderes als eine Übung in Bescheidenheit. Wer auf diese Weise zum Schüler eines »Lehrers des Schönen« wird (wie Prousts in *Essays, Chroniken und andere Schriften* enthaltener und erstmalig 1905 in *Les Arts de la vie* erschienener Aufsatz betitelt ist), lernt nicht nur, seinen Blick zu schärfen, sondern auch sich selbst besser zu verstehen, indem er den anderen besser verstehen lernt.

Proust war ein leidenschaftlicher Spaziergänger, und ließe man diese Lust am Flanieren außer acht, würde man einen Teil seines Lebens unterschlagen, einen kleinen Ausschnitt nur, aber einen bedeutsamen, so wie jene »kleine gelbe Mauerecke« *(Auf der Suche nach der verlorenen Zeit. Die Gefangene)* in Vermeer van Delfts Gemälde *Ansicht von Delft*, das Proust so liebte. Dieses Stückchen Mauer, von unerheblicher Größe im Verhältnis zur Gesamtansicht, ist so perfekt gemalt, daß die Wirkung des ganzen Bildes dadurch erhöht wird. Auch wenn jene, die das Heranziehen der Biographie zur Deutung eines Werkes ablehnen, protestieren mögen: Eine eingehendere Betrachtung von Prousts Spaziergängen und Ausflügen trägt zum besseren Verständnis von Aufbau und Gestalt seines Œuvres bei und verdeutlicht das ganze Ausmaß der Qualen, die er erduldet haben muß, als er von seinem Pariser Zimmer aus auf eine efeubewachsene Mauer blickte, während er für seinen Leser das Licht über dem Land oder dem Wasser einzufangen, den steinernen Faltenwurf eines Madonnengewands oder die komplizierte Struktur einer Weißdornblüte wiederzugeben versuchte. Bis zuletzt zog es ihn hinaus in die Natur, auch wenn er in seinen letzten Lebensjahren den beseligenden Anblick blühender Apfelbäume nur noch aus dem geschlossenen Wagen heraus genießen konnte.

Marcel Proust war, wie gesagt, ein leidenschaftlicher, aber sicherlich kein gewöhnlicher Spaziergänger. Der geographische Planet, auf dem er sich bewegte, ist nicht der eines Pierre Loti oder eines Paul Morand, denn der Raum, der ihm zur Verfügung stand, war ebenso begrenzt wie die Zeit. Die Asthmaanfälle, die ihn seit seinem zehnten Lebensjahr quälten und im Laufe der Jahre an Häufigkeit und Stärke zunahmen, warfen ihn über Wochen hinweg nieder und zwangen ihn immer wieder, seine Pläne aufzugeben und sich eine Lebensweise anzueignen, die sich mit Ortswechseln nur wenig vertrug: Er mußte sich vor Kälte, Feuchtigkeit und Staub schützen, vor Luftzug und dem abendlichen Nebel am Meer. Selbst im Sommer verließ er das Haus nie ohne Mantel und ohne Regenschirm als Sonnenschutz; die Brust polsterte er mit wärmender Watte, und darüber trug er Flanellwesten und um den Hals dicke Schals geknotet oder ein Seidentuch über Mund und Nase, weil er den Duft der Blumen nicht vertrug.

Anfällig und schwach, wie er war, bot der Spaziergänger Proust einen rührenden Anblick. Unentwegt kämpfte er gegen seine körperlichen Gebrechen an, um sich wenigstens einen kleinen Teil der Welt, die er von Kindheit an geliebt hat, erobern zu können. Kein Tag verging ohne irgendwelche

Beschwerden: Er hatte Atemnot und Erstickungsanfälle, hervorgerufen durch das Asthma, so daß er gezwungen war, sich abzusondern und in die Abgeschiedenheit seines Zimmers zurückzuziehen, wo er Espic-Zigaretten rauchte und Legras- oder Escoufflaire-Pulver anzündete, um den Rauch zu inhalieren (das Räuchern war das einzige, was ihm Erleichterung verschaffte); Allergien (wie Céleste Albaret, von 1914 bis zu Prousts Tod 1922 seine Haushälterin, in *Monsieur Proust* erzählt, genügte der von einem auf den Teppich fallenden Federhalter aufgewirbelte Staub, um einen Anfall auszulösen); Schlaflosigkeit ... Seine Spaziergänge und Reisen unternahm er daher nicht selten in einem Zustand unerträglicher physischer Anspannung. Im Herbst 1914 etwa, als er von einem Aufenthalt in der Normandie nach Paris zurückkehrte, erlitt er einen beängstigend schweren Anfall, wie er in einem Brief vom Oktober desselben Jahres an seine Freundin Madame Catusse schildert: »Auf der Rückfahrt von Cabourg bekam ich einen Erstickungsanfall, der unvergleichlich heftiger als meine täglichen Anfälle war; unglücklicherweise befanden sich die Medikamente, die mir Erleichterung hätten verschaffen können, in einem Gepäckstück, das aufgegeben worden war; der Zugführer verweigerte meinem Diener (dem ich mich nicht mitzuteilen vermochte, weil ich nicht sprechen konnte, der aber sah, welche Qualen ich litt) die Erlaubnis, meinen Koffer zu holen. Zu guter Letzt, da er glaubte, ich würde sterben, verschaffte er sich praktisch mit Gewalt Zutritt zum Gepäckwagen, wo er in den Koffern suchte, bis er das Mittel gefunden hatte und es mir in Evreux endlich in die Hand drücken konnte.«

Proust litt aber auch an psychischen Störungen, die eine nicht minder schwere Beeinträchtigung darstellten. So bereitete es ihm von Kindesbeinen an größte Schwierigkeiten, von einem Zimmer in ein anderes zu ziehen, und er mußte es sich erst wie Neuland erobern. Proust zögerte daher Ortsveränderungen gerne hinaus und traf dann unerwartete Entscheidungen. Diese psychischen Probleme in Verbindung mit seiner angegriffenen Gesundheit veranlaßten ihn vom 35. Lebensjahr an, entweder seine Ausflugsziele dergestalt auszuwählen, daß er abends wieder zu Hause sein konnte, damit er seine Gewohnheiten nicht zu ändern brauchte, oder aber lange Aufenthalte einzuplanen.

Dies sind die Umstände, unter denen Marcel Proust seine ureigene Welt erschuf, jene Tausende von Seiten seiner *Suche nach der verlorenen Zeit.* Die Wurzeln eines literarischen Werkes sind immer im Leben seines Schöpfers zu suchen. Für Proust gilt das ganz besonders. Alle Einzelheiten seiner Spaziergänge fließen zusammen und bilden die Grundlage für ein neues Land, für die vom Romanautor geschaffene Physiognomie einer Landschaft. Orte, Wahrnehmungen, Empfindungen, Lebewesen, das gesamte Proustsche Universum wird neu geordnet und gestaltet und zu einem Roman verarbeitet, über den sein Autor in einer Widmung für Jacques de Lacretelle schrieb: »Es gibt keinen Schlüssel für die Personen dieses Buches; oder doch, es gibt acht oder zehn für eine einzige.« *(Essays, Chroniken und andere Schriften)* Die Spaziergänge des Kindes auf dem Land, des jungen Mannes am Meer, des Erwachsenen auf dem Weg zu einer Kathedrale liefern dem Leser eine ganze Reihe dieser Schlüssel.

Im Vorwort seiner Übersetzung von John Ruskins *The Bible of Amiens* ermuntert Proust den Leser, auf den Spuren des englischen Kunstkritikers zu wandeln: »Erzählen Sie, daß Sie nach Bayreuth fahren, um eine Wagner-Oper anzuhören, oder nach Amsterdam, um eine Ausstellung früher Flamen anzuschauen, und man wird es bedauern, Sie nicht begleiten zu können. Aber wenn Sie gestehen, von der Landzunge von Raz aus einen Sturm sehen zu wollen, in der Normandie die in Blüte stehenden Apfelbäume, in Amiens eine von Ruskin geliebte Statue, wird man nicht umhin können zu lächeln.« An anderer Stelle bekennt er: »Meine Bewunderung für Ruskin verlieh den Dingen, die er mich lieben lehrte, ein derartiges Gewicht, daß sie mir mit einem größeren Wert beladen zu sein schienen als mit dem des Lebens selbst. (...) Es ist die Macht des Genies, uns eine Schönheit lieben zu lassen, die wir als wirklicher denn uns selbst empfinden (...).«

Aus dieser Schönheit kann eine außerordentliche Kraft erwachsen, sie kann gleichsam als Gnade wirken, so wie Proust es empfunden haben muß, als er, körperlich am Ende seiner Kräfte, nach Venedig reiste, wo »die Welt in (seinen) Augen auf einmal einen unendlichen Wert« annahm *(Nachgeahmtes und Vermischtes).*

COMPTOIRS MODERNES
PHARMACIE

Die schönen Tage von Illiers

Das ist das Reich der Seligkeit, in dem nirgends eins für das andere ein Geheimnis hatte, der Himmel auf dem Grunde der Flüsse lag, die Sonne an den Mauern hinströmte und die Schmetterlinge von irgendwoher zwischen den Blumen hervorgekommen waren (...). *(Jean Santeuil)*

Adrien Proust, ein namhafter Arzt, und seine Frau Jeanne verlassen, ihren Sohn Marcel und dessen zwei Jahre jüngeren Bruder Robert an der Hand, das Haus Nummer 9 am Boulevard Malesherbes in Paris. Ziel der Familie ist die Gare d'Orsay, wo sie den Zug nach Chartres besteigt. Dort reicht es gerade für einen bewundernden Blick auf die Türme der Kathedrale, bevor sie nach Illiers weiterfahren, einem kleinen Ort im Departement Eure-et-Loir. Die 25 Kilometer lange Strecke von Chartres nach Illiers war früher nur mit dem Pferdewagen zu bewältigen; daher ist die Eröffnung der Bahnlinie Chartres – Brou 1876 ein wahrer Segen für Reisende aus Paris.

Illiers liegt inmitten einer weiten Ebene, der Beauce. Den Kirchturm von Saint-Jacques erblickt man lange vor dem Dorf: »Wenn von dem Zuge aus (...) mein Vater ihn bemerkte, wie er abwechselnd rechts und links auf dem sichtbaren Streifen Himmel erschien und seinen kleinen blechernen Wetterhahn nach allen Seiten der Windrose wendete, sagte er jedesmal: ›Los jetzt, nehmt eure Decken, wir sind angekommen.‹« *(Auf der Suche nach der verlorenen Zeit. In Swanns Welt)* Sie nehmen ihr Gepäck und gehen

OBEN: Marcel Proust und sein Bruder Robert etwa in dem Alter ihrer ersten Aufenthalte in Illiers

SEITE 10: »Combray (war) nur eine Kirche, die die Stadt in ihrer Gesamtheit in sich verkörperte, von ihr und für sie der Ferne Kunde gab und, wie man beim Näherkommen bemerkte, mit ihrem hohen, düsteren Kragenmantel wie eine gute Hirtin ihre Schafe die grauwolligen Rücken der zusammengeduckten Häuser gegen den Wind zu beschirmen versuchte, die hier und da noch ein Stück der alten Stadtmauer – in der vollkommenen Kreisform kleiner Städte auf den Bildern der Primitiven – umgrenzte.«

(In Swanns Welt)

OBEN LINKS: Adrien Proust wird 1879 in die Académie de médecine aufgenommen.
OBEN RECHTS: Élisabeth, Adriens Schwester, hat 1847 mit 19 Jahren Jules Amiot geheiratet, den späteren Abgeordneten und Bürgermeister von Illiers.

vom Bahnhof aus zu Fuß durch lindengesäumte Straßen bis in die Rue du Saint-Esprit 4, wo Jules und Élisabeth Amiot wohnen.

Hier, im Geburtsort seines Großvaters, verbringt der kleine Marcel gemeinsam mit seinem Bruder Robert einige Jahre lang die Oster- und die Sommerferien. Es sind Ferien in ländlicher Umgebung, dem Rhythmus des dörflichen Lebens angepaßt und angefüllt mit harmlosen Vergnügungen wie Ausflügen und Spaziergängen mit den Eltern, mit den nahen oder entfernteren Verwandten (der Großvater war eins von sieben Kindern), mit den Cousins und Cousinen und deren Spielkameraden.

Marcel Proust hat den Großvater väterlicherseits nicht mehr kennengelernt: Er starb bereits 1855. Die Großmutter ist in eine Wohnung an der Place du Marché gezogen. Das Haus in der Rue du Saint-Esprit unweit der Kirche, wo Adrien Proust und seine Familie in den Ferien unterkommen, gehört Élisabeth Amiot, der älteren Schwester des Vaters, und ihrem Mann Jules.

Die Prousts sind eine alteingesessene Familie in Illiers. Aufgrund ihrer gesellschaftlichen Stellung sind ihnen immer wieder hohe Ämter angetragen worden, zum Beispiel das des Vogts, das Michel Proust von 1673 bis 1693 bekleidete. Valentin Proust, der Vater von Adrien und Élisabeth, gehörte dem Kleinbürgertum an. Adrien war der erste Proust, der das Dorf verließ. Er macht eine glänzende Karriere, verbunden mit einem bemerkenswerten sozialen Aufstieg: Er studiert Medizin und gilt bald als Koryphäe auf seinem Gebiet. Zu seinen Patienten zählen Angehörige der feinen Pariser Gesellschaft und zu seinen Bekannten Félix Faure, der künftige Präsident der französischen Republik.

Am 3. September 1870 heiratet er Jeanne Weil, die Tochter eines wohlhabenden jüdischen Geschäftsmannes.

Für Marcel und Robert bildet das Haus von Onkel Jules und Tante Élisabeth, zu dem auch ein kleiner Garten gehört, den Mittelpunkt ihrer Welt. Der einzige Weg führt zwischen mit Stiefmütterchen bepflanzten Beeten hindurch. Kletterpflanzen ranken sich an Spalieren empor und begrünen die Mauern der Gebäude rechts und links des Haupthauses. An lauen Sommerabenden versammelt sich die Familie um den runden Eisentisch, wo bequeme Korbsessel zum Plaudern und gemütlichen Verweilen einladen, oder man trinkt ein Gläschen Likör auf der Bank unter der Kastanie. Wenn er nicht gerade durch die Gegend streift, hält sich Marcel gern in dem dichtbewachsenen, duftenden Garten auf, um in seinem Korbsessel zu lesen, bis es Zeit zum Essen ist, oder er rennt »noch zwei- oder dreimal rund um den Garten herum, wobei er den Kopf lebhaft (schüttelt) und, außer sich vor Freude, die Luft mit ausgestreckten Armen in der Vorstellung (durchschneidet), er sei ein

UNTEN RECHTS: Das Haus der Familie Amiot. Zu Prousts Zeiten war der Garten kleiner, und das Tor zur Place Lemoine (jenes Tor, durch das Swann in *Auf der Suche nach der verlorenen Zeit* das Grundstück betritt) wird erst 1885 angebracht werden. Heute befindet sich hier das Musée Marcel Proust.

Pferd auf der Weide oder eine Möwe, die über die Wogen (hinstreicht)« *(Jean Santeuil)*.

Der Alltagsrhythmus im Haus der Familie Amiot wird bestimmt von den Mahlzeiten und den dafür erforderlichen Vorbereitungen in der Küche, dem »kleinen Venustempel«, wo in »überwältigender Fülle die Opfergaben aus den Händen des Milchmanns, des Obsthändlers, der Gemüsefrau« herumstehen *(Auf der Suche nach der verlorenen Zeit. In Swanns Welt)*. Dies ist das Reich von Ernestine Gallou, der Köchin, die solche Dinge kann wie einer Gans den Hals umdrehen und die dafür sorgt, daß sich ein Geruch von frischer Milch in der Küche verbreitet. Die Mahlzeiten werden in dem dunkel getäfelten Eßzimmer eingenommen. Nach dem Essen wird geruht. Onkel Jules zieht sich dazu in sein kleines Kabinett zurück, »das ›orientalisch‹, das heißt mit tausend Dingen ausgestattet war, die er aus Algerien mitgebracht hatte: mit Matten auf dem Steinboden, geschnitzten Kokosnüssen, Photographien, auf denen Moscheen und Palmenbäume dargestellt waren« *(Jean Santeuil)*, sowie mit einem maurischen Tisch und einer Wasserpfeife. Jules Amiot hatte in Algerien einen florierenden Weinhandel betrieben. Sein Bruder wohnt nach wie vor in Algier, ebenso seine Tochter Mathilde, die mit einem gewissen André Hamart verheiratet ist und 1882 viel zu früh fern der Heimat stirbt. Jules und Élisabeth Amiot haben noch zwei Söhne, Fernand und André, die 18 beziehungsweise elf Jahre älter sind als Marcel. André wird sich ebenfalls als Weinhändler in Algerien niederlassen, während Fernand das väterliche Modegeschäft in Illiers, das größte Geschäft des Ortes, übernehmen wird. Élisabeth, die kranke, frömmelnde Tante, führt von ihrem Schlafzimmer aus das Regiment über die Dienstboten.

Jules Amiot, den Proust in *Tage des Lesens* seinen »gärtnernden Onkel« nennt, besitzt einen weiteren Garten ein Stück vom Haus entfernt auf der anderen Seite des Loir. Das fast siebentausend Quadratmeter große Grundstück, das er nach einem Teil des Pariser Bois de Boulogne »Pré Catelan« getauft hat, ist um 1850 herum nach dem Vorbild englischer Parks gestaltet worden. Diese Gartenkunst, deren Besonderheit es ist, kleine, Baustilen aus aller Welt nachempfundene Bauten in die Grünanlagen zu integrieren, erfreut sich im Europa des 19. Jahrhunderts großer Beliebtheit. Auf dem sich dahinschlängelnden Bach, wie er zu jedem typisch eng-

VORHERGEHENDE SEITE: Blick durch eine Buntglastür in den Garten des Musée Marcel Proust

RECHTS: Das »orientalische« Kabinett von Prousts Onkel Jules. »Es war ein kleiner einstöckiger Nebenbau, von dem aus man durch kleine Buntglasfenster unmittelbar auf den Garten blickte.« *(Jean Santeuil)*

SEITE 15: »Zu der Stunde, da ich hinunterging, um mich nach dem Küchenzettel zu erkundigen, war das Abendessen schon in der Zubereitung begriffen, und Françoise (…) klopfte die Kohle klein, brachte Kartoffeln zum Weichwerden in den Dampf und ließ auf dem Feuer kulinarische Meisterwerke gar werden, die zuvor in irdenen Gefäßen, von großen Bottichen, Schüsseln, Kesseln und Fischbassins bis zu Terrinen für die Wildpastete, Kuchenformen und kleinen Rahmschüsselchen, vorbereitet wurden, wozu noch eine vollständige Sammlung von Kochtöpfen aller Größen kam.« *(In Swanns Welt)*

lischen Park gehört, sind Schwäne zu finden, und wenn die Kinder Lust haben, können sie die Karpfen angeln, die sich im Wasser tummeln. Über einer künstlichen Grotte hat Jules Amiot einen kleinen, achteckigen Pavillon errichtet, das sogenannte Bogenschützenhaus. Hierhin zieht sich Marcel gern zum Lesen zurück. Das turmförmige Taubenhaus erinnert an die arabischen Taubenschläge, die sein Onkel in Algerien gesehen hat. Die Anregung für das Schöpfwerk, das Proust in *Jean Santeuil* als »steinernes Rund mit einer Deichsel in der Mitte, mit deren Hilfe von Zeit zu Zeit hier eingespannte Pferde im Kreise trottend Wasser förderten« beschreibt, stammt ebenfalls von dort. Dahinter steigt der Garten sanft an bis zu den Feldern, wo Jules Spargel und Erdbeeren anbaut. In einem Wasserbecken nicht weit davon entfernt entdecken die Kinder manchmal einen schlafenden Salamander. Jenseits der Parkeinfriedung, einem niedrigen, weißgestrichenen Holzzaun, erstrecken sich Kornfelder, so weit das Auge reicht.

Da der begüterte Jules Amiot ein Menschenfreund ist, hat er den Pré Catelan für seine Mitbürger, von denen sehr viele keinen eigenen Garten besitzen, geöffnet.

Marcel Proust kommt täglich zum Spielen in den Park, stets in Begleitung seines Bruders oder seiner Cousins und der Kinder aus dem Dorf. Er wechselt ein paar Worte mit dem Gärtner, bewundert die Spargel- und Erdbeerpflanzungen des Onkels, setzt sich mit der Angelrute ans Flußufer oder träumt einfach vor sich hin und beobachtet das fein abgestufte Farbenspiel der Natur im wechselnden Licht des Tages. Zuweilen beschließen er und seine Spielkameraden den Nachmittag mit einer Bootsfahrt. In diesem scheinbar unendlichen Raum kann er seine Abenteuerlust ausleben, ist er Forscher und Entdecker. »Etwas weiter entfernt, in ziemlich ungepflegten und geheimnisvollen Tiefen des Parks, hörte der Fluß auf, ein gradliniger, künstlicher Wasserlauf zu sein, auf dem Schwäne schwammen und der von Wegen mit lächelnden Statuen eingefaßt war; er durcheilte, während manchmal Karpfen aus seinem Wasser sprangen, die Einfriedung des Parks und wurde zu einem Fluß im geographischen Sinn des Wortes (…). Ich ließ die andern im unteren Teil des Parks am Ufer der Schwäne ihre Mahlzeit beenden und rannte in dem Labyrinth aufwärts bis zu einer Haselhecke (…), von wo aus ich das Spargelfeld sah, die mit Erdbeeren bepflanzten Umrandungen, das Becken, aus dem an manchen Tagen im Kreis gehende Pferde Wasser heraufschöpften, das weiße Tor, das das obere ›Ende des Parks‹ dar-

Wiesen am Loir. Sie waren »mit halb im Gras versunkenen Resten des Schlosses der ehemaligen Grafen von Combray übersät, (...) Trümmer von ein paar über die Wiesen herausragenden Türmen«.
(In Swanns Welt)

stellte, und jenseits davon die Felder mit Kornblumen und Mohnblumen.« *(Nachgeahmtes und Vermischtes)*

Ein schmaler, von rosa und weiß blühenden Weißdornhecken gesäumter Pfad führt am Pré Catelan entlang. In der Fiktionalisierung seiner Erinnerungen wird Marcel Proust den Weißdorn stets mit den glücklichen Tagen in Illiers assoziieren, das er in *Jean Santeuil* Éteuilles und im Romanzyklus *Auf der Suche nach der verlorenen Zeit* Combray nennt: »(Jean) hatte unter allen Blüten, die er, ohne sie zunächst zu sehen und zu lieben, vor sich hatte, den Rotdorn erwählt, zu dem eine ganz besondere Neigung ihn hinzog, von dem er sich eine deutliche Vorstellung machte, von dem er beim Gärtner einen Zweig erbat, um ihn auf sein Zimmer mitzunehmen, und vor dem er, sobald er ihn hinten in einem Garten oder an einer Hecke bemerkte, voller Verlangen stehenblieb, um ihn zu betrachten.« *(Jean Santeuil)* Der rosarote Farbton des Weißdornstrauches in *Swanns Welt* ist verknüpft mit Erinnerungen an den rosa Guß des Gebäcks, das man bei Madame Damoiseau kaufen konnte, an die Farbe seines Lieblingsdesserts – Rahmkäse mit darin zerdrückten Erdbeeren –, an den Tag, als er krank war und seine Mutter ihm einen blühenden Zweig aufs Zimmer brachte, an den Marienmonat, als er ein paar Zweige in der Kirche niederlegte.

Die Pariser Kinder betrachten das ganze Dorf als eine einzige große Spielwiese. Einkäufe, Besuche, alles beziehen sie in ihre Spiele ein. Die Kinder haben bald ihre festen Routen. Auch Marcel hat seine Anlaufstellen: die kleine Wohnung im Haus Nummer 6 an der Place du Marché, wo seine Großmutter seit dem Tod ihres Mannes lebt und von wo sie das Kommen und Gehen vor der Kirche beobachtet; dann das Tuchgeschäft von Onkel Jules an der Place du Marché 18 und schließlich das Geburtshaus seines Vaters, in dem sich früher das Geschäft der Großeltern befand und das

Eines der größten Wasserbecken von Illiers. Proust kam hier täglich auf seinen Spaziergängen vorbei. »Wenn ich den ganzen Morgen im Saal gelesen hatte und schließlich müde davon war, warf ich mein Plaid um die Schultern und ging ins Freie. (...) Die Mauern der Häuser, die Hecke von Tansonville, die Bäume des Waldes von Roussainville erhielten Schläge mit dem Regenschirm oder Stock, vernahmen Freudenjauchzer (...).«

(In Swanns Welt)

RECHTS: Jules Amiot und Robert Proust auf einer Aufnahme aus dem Jahr 1908. Jules begeisterte sich für Malerei, Gartenarbeit, Politik und hatte eine Vorliebe für alles Exotische.

SEITE 19: Der Pré Catelan. In dem mäandernden Bach gab es Karpfen, die die Kinder fischen durften; das Taubenhaus und die Pavillons sind dem algerisch-orientalischen Baustil nachempfunden.

SEITE 20: »Der größte Reiz der Gegend von Guermantes bestand darin, daß man dort fast die ganze Zeit vom Lauf der Vivonne begleitet war. (...) Gleich an dem unsrer Ankunft folgenden Tage (...) lief ich, wenn schönes Wetter war, (...) den Fluß anzuschauen, der schon in reinstem Himmelsblau die noch schwarzen und kahlen Fluren durchzog, begleitet nur von einem schmalen Rand vorzeitiger Kuckucksblumen und verfrühter Primeln, während hier und da ein Veilchen mit blauer Haube seinen Stengel unter der Last eines Dufttropfens niedersinken ließ, den es in seinem kleinen Horn verborgen aufbewahrte.«

(In Swanns Welt)

einen Eingang zur Rue du docteur Galopin hat und einen zweiten zur Place du Marché genau gegenüber dem Kirchenportal. In seinem Lebensmittel- und Kurzwarenladen verkaufte der Großvater nicht nur Honig und »Gesundheitsschokolade mit Vanille«, wie eine Reklametafel warb, sondern stellte auch Wachs und Kerzen für die Pfarrgemeinde her.

Die Straßen des kleinen Ortes sind nach Heiligen benannt (zum Beispiel nach St. Hilaire, dem heiligen Hilarius), nach Gebrauchsgegenständen (wie die Rue du Plat-à-Barbe: *plat-à-barbe* bedeutet Barbierbecken) oder nach alten Gasthäusern (Rue de l'Oiseau flesché). Wer durch Illiers schlendert, kann an seinen Straßen ablesen, daß das Städtchen über Jahrhunderte hinweg zu den wohlhabenden Gemeinden zählte: Neben dem großen regionalen Getreidemarkt etablierte sich ein Markt für Wolle; die Waschplätze und der Straßenname Chemin du Filoir erinnern noch heute an die Wirkwarenindustrie und den florierenden Handel mit Decken und Siebtuchen. Der Mail, eine baumbestandene Promenade und Treffpunkt der Boulespieler, und der Kalvarienberg, wo der Jahrmarkt und die Kirmes stattfinden, bilden die südliche beziehungsweise nördliche Grenze des Dorfes. Auf ihren Streifzügen durch den Ort

kommen Marcel und Robert manchmal auch an den Ruinen des 1019 von Geoffroy d'Illiers, Vicomte de Châteaudun, erbauten Schlosses vorbei. Oder sie vertreiben sich die Zeit auf einer der alten Brücken über den Loir, dem Pont Saint-Hilaire zum Beispiel, der die Beauce auf dem linken Ufer mit der ehemaligen Grafschaft Perche auf dem rechten verbindet. Zuweilen schlendern sie auch die Treidelpfade entlang.

Die Place du Marché mit der Kirche Saint-Jacques, an die sich seinerzeit noch einige Läden anschließen (die zwei Uhrmacher sowie der Friseur und Perückenmacher, der auch Spielwarenhändler ist, werden ihre Geschäfte um 1919 herum aufgeben), ist nicht nur geographischer Mittelpunkt des Ortes, sondern auch Mittelpunkt des dörflichen Lebens. Die gegen Ende des 11. Jahrhunderts erbaute und im 15. Jahrhundert von Florent d'Illiers restaurierte Kirche an der Pilgerstraße nach Santiago de Compostela ist im Laufe der Jahrhunderte mehrfach baulich verändert worden. Die bunten Kirchenfenster, deren Anblick die kleinen Prousts in ehrfürchtiges Staunen versetzt, sind im Zweiten Weltkrieg teilweise zerstört worden. Der Glockenturm mit seiner scharfen Spitze überragt alle Häuser des Ortes; die viertelstündlichen Glockenschläge, die dem Tag seinen Rhythmus geben, sind weithin zu hören. Darüber hinaus läuten die Glocken von Ende Mai bis zum 31. August täglich eine halbe Stunde, um den Himmel gnädig zu stimmen, damit er eine reiche Ernte schenke. Der Brauch geht auf die große Dürre zurück, die die Beauce im Jahre 1552 heimsuchte; er hält sich bis weit in das 20. Jahrhundert hinein. Der Glockenturm dient dem kleinen Marcel als Orientierungspunkt, bei seinen Spaziergängen durch den Ort ebenso wie auf den Streifzügen durch die umliegende Landschaft: »Ob man ihn um fünf Uhr sah, wenn man die Briefe von der Post holen ging, nur einige Häuser entfernt, wie er auf einmal als einsamer Gipfel über der Firstlinie der Dächer erschien, oder ob man auf dem Wege, sich nach dem Befinden von Madame Sazerat zu erkundigen, mit den Augen der Linie, die durch sein Abfallen auf der anderen Seite jetzt viel niederer erschien, in dem Bewußtsein folgte, daß man in die zweite Straße hinter ihm einbiegen müsse; sei es, daß man noch etwas weiterhin, wenn man zum Bahnhof ging, ihn von der Seite her sah, wo er im Profil neue Grate und Flächen entwickelte wie ein Körper, den

LINKS: »In jenem Jahre hatten meine Eltern den Termin unserer Abreise nach Paris etwas vorverlegt; am Morgen des Aufbruchs hatte man mir, weil ich photographiert werden sollte, die Locken eingewickelt, mir vorsichtig einen Hut darauf gesetzt, den ich noch nie getragen hatte, und einen Samtkittel angezogen; ich wurde überall gesucht, und schließlich fand mich meine Mutter in Tränen auf dem kleinen steilen Pfad kurz vor Tansonville, wie ich gerade von dem Weißdorn Abschied nahm; (...) ich zertrampelte mit den Füßen die Lockenwickel, die ich mir aus den Haaren gerissen hatte, und meinen neuen Hut. (...) Meine Tränen trocknend gelobte ich (dem Weißdorn), wenn ich erst groß wäre, es nicht so zu machen wie die andern törichten Leute, und selbst in Paris an Frühlingstagen, anstatt Besuche zu machen und eitles Geschwätz anzuhören, auf das Land zu fahren und die erste Weißdornblüte zu genießen.«

(In Swanns Welt)

man überraschend in einer noch unbekannten Phase seiner Umdrehung erblickte; oder ob, von den Ufern der Vivonne her betrachtet, die durch die Perspektive kraftvoll gesammelte und höher gewordene Apsis sich emporzuheben schien und das Bemühen des Glockenturms unterstützte, seine Spitze tiefer ins Herz des Himmels hineinzubohren: immer mußte man zu ihm zurückkehren, immer war er es, der alles beherrschte, die Häuser mit einer unerwarteten höchsten Zinne versah und nach oben wies wie der Finger Gottes selbst, dessen Leib in der Menschenmenge verschwand, ohne daß ich ihn deshalb mit ihr hätte verwechseln können.« *(Auf der Suche nach der verlorenen Zeit. In Swanns Welt)* An den lieblichen Klang der Glocken, die zum Angelus rufen und für das Kind ein Zeichen sind, daß es Zeit wird umzukehren, weil zu Hause das Abendessen wartet, wird sich Proust ein Leben lang erinnern.

Kein Tag vergeht, an dem Marcel nicht eine Wanderung macht, sei es mit den Eltern, seinen Cousins oder auch ganz allein. Das Wetter, mag es kalt sein wie an Ostern oder sommerlich heiß, spielt dabei keine Rolle. An kühleren Tagen begleitet der Junge seinen Onkel zuweilen auf einen nahen Bauernhof oder in eins der umliegenden Dörfer. Steht eine solche Wanderung bevor, will er rechtzeitig geweckt werden: »Es war noch früh am Morgen; die Dinge schienen, da die Sonne sie noch nicht mit ihrem Strahl berührt hatte, wie tot. Schnell ließen sie das schweigende, verödete, zwar sichtbare, aber noch unerhellte Dorf, das, weder in nächtlichem Schlummer ruhend noch vom Lichte des Tages erfaßt, gleichsam verlassen dalag, hinter sich.« *(Jean Santeuil)* Sonntags kehren sie auf dem Heimweg hin und wieder bei Madame Prévert in Les Galernes ein, wo sie an einem Holztisch unter Apfelbäumen mit Cidre bewirtet werden. Im Sommer bleibt er morgens gern in seinem Zimmer, um zu

FOLGENDE DOPPELSEITE: Gemüsegärten am Loir, der Vivonne im Romanzyklus *Auf der Suche nach der verlorenen Zeit*

Angeln ist eine der Lieblingsbeschäftigungen des kleinen Marcel: »(…) die Fische (brachte ich) an den Tagen, wo man mich fischen ließ, in einem Korbe unter einer Schicht von Kräutern kühl und frisch mit nach Hause.«

(In Swanns Welt)

lesen. Gegen zehn Uhr läuft er dann zum Fluß hinunter, zu seinem Bruder und seinen Cousins, und sie angeln, bis es Zeit zum Essen ist. Nach der Mahlzeit bricht die Familie zu einem Spaziergang auf. Man packt eine Vesper ein und vergißt auch die Sonnenschirme nicht, falls die Sonne zu sehr stechen sollte. Vom Pré Catelan aus gibt es zwei Möglichkeiten: Man geht entweder in Richtung Tansonville und Méréglise, von wo aus man laut Adrien Proust den »schönsten Ausblick in die Ebene« hat *(Auf der Suche nach der verlorenen Zeit. In Swanns Welt),* oder aber hinüber nach Saint-Éman und Villebon.

Méréglise, ein kleines Dorf mit reichem Blumenschmuck und einer massigen Kirche, hat sich kaum verändert. Auf der Straße, die sich zwischen lichten Wäldchen windet, bis sie die mit Klatschmohn durchsetzten Kornfelder erreicht, ist Marcel Proust zum erstenmal aufgefallen, daß Apfelbäume runde Schatten werfen. Auf der Seite von Méréglise liegen auch Vieuvicq (als Vieuxvicq hat Proust es mitsamt seinem Kirchturm in *Swanns Welt* verewigt) und ein von Getreidefeldern umwogter Friedhof.

Vom Haus der Familie Amiot führt der Weg nach Saint-Éman durch die Rue de l'Oiseau, über den Kalvarienberg, am Friedhof vorbei und dann den Loir entlang. Die Ruinen des 1870 erbauten ehemaligen gräflichen Schlosses und seine zerstörten Türme regen Marcels Phantasie an. Mehr noch aber fasziniert ihn der heilige Mann aus Kappadokien, der Wunder vollbrachte und Fieberkranke wieder gesund machte. Ein regelrechter Kult mit Brunnen und Quellen ist in Folge seiner Wunderheilungen entstanden, und die Bauern aus der Umgebung pilgern alljährlich im Juni zu der ihm geweihten Kirche, um ihn, je nach Bedarf, um Regen oder Sonnenschein für ihre Feldfrüchte zu bitten. In einem Becken neben der Kirche entspringt eine der Quellen des Loir, für Marcel eine geheimnisvolle Stätte, die er mit dem Eingang zur Unterwelt assoziiert.

Unweit von Saint-Éman liegt der geheimnisumwitterte Landsitz Mirougrain der Dichterin Juliette Joinville d'Artois. Die junge Witwe lebt in völliger Zurückgezogenheit. Ihr Haus hat sie aus Megalithen von einem nahen Kromlech erbauen lassen. Einer ihrer Diener ist taubstumm. In den umliegenden Dörfern munkelt man so allerlei. Marcel ist neun, Juliette d'Artois zwanzig. Ihm entgeht freilich nicht, was die Erwachsenen über die junge Frau und ihr Landgut reden.

Diese simplen Spaziergänge sind für Marcel weit mehr als ein harmloses Vergnügen: Sie sind das »Königreich der Glückseligkeit« *(Jean Santeuil).* Alles, was der Junge draußen erlebt, was er sieht, den Himmel, das Licht, den Fluß, die Schmetterlinge, die Blumen, versetzen ihn in einen rauschhaften Zustand des Glücks. Mit scharfen Sinnen beobachtet er Flora und Fauna, Blumen, Bäume, Insekten in allen Einzelheiten. Das Leben am Fluß fasziniert ihn. Zwi-

RECHTS: Marcel Proust und sein Bruder Robert etwa in dem Alter, als sie zum letztenmal nach Illiers kamen

schen Schwertlilien am Ufer sitzend, sieht er den Dorfjungen zu, wie sie Flaschen ins Wasser hängen, um Fische zu fangen. Ein Ruderer fährt in seinem Boot vorbei, und er folgt ihm mit verträumten Blicken. Ein Karpfen, »ängstlich schnappend«, durchbricht die Wasseroberfläche. »Es war Vesperzeit. Bevor wir wieder nach Hause gingen, aßen wir Obst, Brot und Schokolade und verweilten lange hier im Gras, wo flach über die Ebene gleitend, schwach, doch noch dicht und metallisch von Sankt Hilarius her der Klang der Glockenschläge zu uns herüberkam, der, unvermischt mit der Luft, die er nun so lange schon durchmaß, in aufeinanderfolgenden Wellen über die Blumen zu unseren Füßen strich.« *(Auf der Suche nach der verlorenen Zeit. In Swanns Welt)*

Proust wird alle diese Erinnerungen in seinem schriftstellerischen Werk verwenden: zunächst im postum veröffentlichten Romanfragment *Jean Santeuil*, das stark autobiographische Züge trägt, und später im ersten Band seiner *Suche nach der verlorenen Zeit*, wo ungeachtet der Verzerrung durch die intellektuelle Aufarbeitung die Unbeschwertheit jener Tage und das in der ländlichen Idylle empfundene Glück deutlich zum Ausdruck kommen. In *Swanns Welt* wie in der Realität führen die Spaziergänge in zwei Richtungen: entweder nach Saint-Éman und Villebon, im Roman »die Seite von Guermantes«, oder in die andere Richtung, die »Swanns Seite« entspricht, zum Pré Catelan und von dort aus weiter. Ausgangspunkt ist Combray, Zentrum des sagenhaften Universums der Proustschen Kindheit. »Die Gegend nach Méséglise zu mit ihren Fliederbüschen, den Weißdornhecken, den Kornblumen und dem Mohn, den Apfelbäumen, die Gegend von Guermantes mit dem Fluß, den Kaulquappen, Seerosen und dem Hahnen-

OBEN LINKS: Das Geburtshaus von Adrien Proust, Rue du Docteur-Proust 1, mit dem kupfernen Porträt des Arztes. Marie Nordlinger fertigte es nach seinem Tod an.

OBEN RECHTS: Die Rue de Beauce in Illiers-Combray

VORHERGEHENDE DOPPELSEITE: »(…) ich fühlte meine Aufmerksamkeit gefangen von einem Dach, einem Sonnenreflex auf einem Stein, dem Geruch eines Weges, und zwar gewährten sie mir dabei ein spezielles Vergnügen, das wohl daher kam, daß sie aussahen, als hielten sie hinter dem, was ich sah, noch anderes verborgen, das sie mich zu suchen aufforderten und das ich trotz aller Bemühungen nicht zu entdecken vermochte. Da ich genau fühlte, daß es in ihnen war, blieb ich unbeweglich stehen, um sie anzuschauen, einzuatmen, um den Versuch zu machen, mit meinem Denken über das Bild oder über den Duft noch hinauszugelangen. Wenn ich dann meinen Großvater einholen und meinen Weg fortsetzen mußte, suchte ich sie wiederzufinden, indem ich meine Augen schloß.«

(In Swanns Welt)

fuß haben für alle Zeiten das Antlitz des Landes geprägt, in dem ich leben, Kahn fahren, Ruinen mittelalterlicher Befestigungen ansehen und mitten im Getreidefeld, so wie in Saint-André-des-Champs, eine wuchtige, ländliche Kirche antreffen möchte, die den goldenen Schimmer von reifen Garben hat (…)«. *(Auf der Suche nach der verlorenen Zeit. In Swanns Welt)*

An die Spaziergänge nach der Seite von Guermantes hin erinnert sich der Erzähler voller Wehmut: »(…) der Weg war weit, und man mußte sicher sein, daß das Wetter sich hielte. Wenn eine Reihe schöner Tage anzubrechen schien, wenn Françoise schon verzweifelte, daß kein Tropfen Regen für ›die arme Ernte‹ herunterkam, und beim Anblick der spärlichen weißen Wolken, die auf der gleichmäßig blauen Himmelsfläche umherschwammen, seufzend ausrief: ›Das sieht doch wahrhaftig aus, als ob da oben nur ein paar Seehunde spielen und ihre Schnauzen herausstrecken‹, (…) und dann mein Vater eine auf Unveränderlich lautende günstige Auskunft von Gärtner und Barometer erhielt, pflegte er beim Abendessen zu sagen: ›Wenn es morgen so bleibt, gehen wir nach Guermantes.‹« *(Auf der Suche nach der verlorenen Zeit. In Swanns Welt)* Weil der Weg aber so lang ist, kommt die Familie später als sonst nach Hause; man ißt zu einer späteren Zeit, und die Kinder werden gleich nach dem Essen zu Bett geschickt, was für den Erzähler (und sicherlich auch für den kleinen Marcel) bedeutet, daß er auf den ersehnten, ungeduldig erwarteten allabendlichen Gutenachtkuß der Mutter verzichten muß. In seiner Angst und seiner Verzweiflung gibt er nicht eher Ruhe, bis er seinen Willen durchgesetzt hat und die Mutter doch noch an sein Bett kommt, um ihm gute Nacht zu sagen.

Aber auch dieser Vorfall, der dem Jungen seine Verletzlichkeit, seine Schwäche bewußt macht, vermag seine Freude nicht zu mindern, ihm nicht die Lust zu nehmen, »spazierenzugehen, auf den Bauernhöfen Rahm zu trinken,

SEITE 28: »Wenn man erst zwischen den Feldern angelangt war, verließ man sie auch während des ganzen Spaziergangs nach der Seite von Méséglise nicht mehr.«

(In Swanns Welt)

LINKS: Die Kirche von Méréglise, dem Méséglise im Romanzyklus *Auf der Suche nach der verlorenen Zeit*

sich in den Schatten zu setzen und seine Hände in das Wasser des Kanals zu tauchen« *(Jean Santeuil)*.

Später, als sich in seinem Leben manches gewandelt hat, als er, krank und von Schmerzen gepeinigt, aus dem Schlaf erwacht, in einer Stadt, die er niemals verläßt, ist die Erinnerung an die »schönen Tage von Illiers« *(Jean Santeuil)*, die untrennbar verbunden ist mit dem in freier Natur empfundenen Glücksgefühl, unverändert lebendig in ihm. Marcel Proust ist neun, als er auf dem Heimweg von einem Spaziergang im Bois de Boulogne einen Erstickungsanfall erleidet, der so heftig ist, daß der zu Tode erschrockene Vater einen Kollegen zu Hilfe ruft. Asthma lautet die Diagnose. Von nun an muß das Kind mit der Krankheit leben. Adrien Proust wird dem Sohn die Ferien in Illiers bald verbieten und Aufenthalte in klimatisch zuträglicheren Gegenden, zum Beispiel am Meer, verordnen. Vielleicht gibt es aber auch noch einen anderen Grund für das Ende der schönen Tage in Illiers. Im Laufe der Jahre hat sich die Kluft zwischen der Familie Proust und der Familie Amiot aufgrund des Klassenunterschieds vertieft: Adrien, mittlerweile ein geachteter Pariser Bürger, verbindet kaum noch etwas mit den Honoratioren der Kleinstadt, zu denen Jules gehört. Marcel Proust wird jedenfalls nur noch ein einziges Mal nach Illiers zurückkehren, man weiß nicht genau, ob im Herbst 1886, als seine Tante starb, oder 1889 nach dem Tod seiner Großmutter. Die Angaben hierüber sind widersprüchlich. Aber er wird später die alte Dienerin Françoise nach dem Umzug der Familie ins 6. Arrondissement von Paris sagen lassen: »O Combray, wann werde ich dich wiedersehen, mein geliebtes Land, wann werde ich wieder einen ganzen glorreichen Tag unter deinem Weißdorn und unserem lieben Flieder verbringen können und den Finken und der Vivonne zuhören, die murmelt, als ob jemand mit halblauter Stimme spricht (...). Mein gutes Combray! (...) Wenigstens weiß man, was man tut und in welcher Jahreszeit man lebt. Da ist es nicht wie hier, wo man zu Ostern sowenig einen Stengel Hahnenfuß

RECHTS: Das Portal der Kirche Saint-Éman, einem der Vorbilder für Saint-André-des-Champs in *Auf der Suche nach der verlorenen Zeit*

SEITE 31: Die Kirche von Saint-Éman mit dem Wasserbecken. »Ich erinnere mich noch, wie man mich als kleines Kind solcherart zu den Quellen des Loir führte. Das war eine Art kleines, rechteckiges Waschbecken, wo tausend Fischchen sich wie bei einem bebenden und schwarzen Kristallisieren um den kleinen Brotkrümel sammelten, den man hineinwarf. (…) So verstand ich nicht, wie dies kleine Becken, an dessen Grund man sah, wie sich Wassertröpfchen auf Wassertröpfchen erhob und verzweigte, wie man es in Aquarien sieht, deren Wasser unablässig erneuert wird, die Quellen des Loir sein könnten.«

(Essays, Chroniken und andere Schriften)

wie an Weihnachten sieht und wo nicht das kleinste Angelusläuten mich weckt, wenn ich meine alten Glieder des Morgens vom Lager erheben muß.« *(Auf der Suche nach der verlorenen Zeit. Die Welt der Guermantes)*

Der Begriff Natur wird für Proust stets gleichbedeutend sein mit jubilierender Freude, schwärmerischer Begeisterung, wohligem Schaudern, mit Farben, Empfindungen, verschwenderischer Fülle, mit Licht und Leben. Er wird niemals ohne Wehmut zurückblicken auf die Zeit, da seinem Körper keine Beschränkungen auferlegt, keine Grenzen gesetzt waren. Die Erinnerung an das berauschende Gefühl der Freiheit, das der kleine Junge in Illiers empfand, an die triumphierende Gewißheit, daß ihm »das gesamte freie, beschwingte, kraftvolle Leben« *(Jean Santeuil)* der Kindheit zur Verfügung stand, wird im Erwachsenen immer eine sehnsuchtsvolle, zärtliche Schwermut hervorrufen.

Die Jahre am Meer

Hätten meine Eltern mir erlaubt, den Schauplatz eines Buches, das ich las, selber aufzusuchen, so hätte das meiner Meinung nach einen unschätzbaren Fortschritt in der Eroberung der Wahrheit bedeutet. (*In Swanns Welt*)

I. Oktober 1891: Marcel Proust, zwanzig Jahre alt, hat das Abitur gemacht, in Orléans seinen Militärdienst abgeleistet und ein Studium der Rechts- und der politischen Wissenschaften begonnen, nachdem sein Vater ihm die Erlaubnis für den Besuch geisteswissenschaftlicher oder philosophischer Vorlesungen verweigerte. In diesem Herbst beginnt für ihn das zweite Studienjahr. Nebenbei schreibt er Artikel für eine kleine Zeitschrift, *Le Mensuel,* an der auch einige seiner Kommilitonen von der École des sciences politiques mitarbeiten. Die Freundschaften, die er bereits im Lycée Condorcet geschlossen hat, haben sich vertieft. Zum engsten Freundeskreis gehören der Bankierssohn Horace Finaly, Robert Dreyfus, später Journalist beim *Figaro*, und Daniel Halévy, ein Neffe von Geneviève Straus (letztere ist die Witwe des Komponisten Georges Bizet, mit dem sie einen Sohn hat, Jacques, der seit der Grundschule mit Proust befreundet ist).

Im Herbst dieses Jahres hält sich Marcel Proust in Trouville an der normannischen Küste auf, wo er bei Verwandten seines ehemaligen Schulkameraden Jacques Baignères wohnt. Dem Finanzmann Arthur Baignères, Jacques' Onkel, und seiner Frau

OBEN: Marcel Proust 1891. Der junge Dandy trägt einen Liberty-Schlips und eine Kamelie im Knopfloch.

OBEN: Marcel Proust, mit Canotier (in Deutschland wird dieser modische Hut volkstümlich »Kreissäge« genannt) und hellem Mantel, vor der Villa Les Frémonts, bereit zur Ausfahrt

RECHTS: Die Villa Persane am Strand von Trouville. Das 1859 erbaute Anwesen wird 1876 von Hélie de Talleyrand-Périgord, Fürst de Sagan, erworben. Marcel Proust wird später über die charmante Gesellschaft schreiben, die sich dort vergnügte.

Charlotte gehört die Villa Les Frémonts. Das Anwesen und die Landschaft faszinieren Proust gleichermaßen. Am 1. Oktober fertigt Jacques-Émile Blanche, Arztsohn und Gesellschaftsmaler, in Les Frémonts ein Bleistiftporträt von Proust an. Der dreißigjährige Blanche, ein Schüler von Manet, Degas und Gervex und ein Freund des amerikanischen Malers James Abbott MacNeill Whistler, ist ein häufiger Gast in Les Frémonts: Von Dieppe aus, wo seine Eltern eine Sommerresidenz besitzen, ist es nicht allzuweit nach Trouville. Nach dieser Bleistiftzeichnung wird einige Monate später ein Ölgemälde entstehen, und zwar im Atelier des Malers im väterlichen Haus in Auteuil; ganz in der Nähe wohnt Prousts Großonkel Louis Weil, bei dem Marcel einen Teil des Sommers zu verbringen pflegt. Der Schriftsteller ist hochzufrieden mit diesem Porträt, das er bis zu seinem Tod aufbewahren wird. Es ist Sinnbild seiner Jugend, seiner Klugheit, es zeigt ihn als einen »strahlenden jungen Mann, der dem gesamten Paris selbstbewußt, ohne Schüchternheit, doch auch ohne Angeberei entgegentrat«, wie er in *Jean Santeuil* schreibt. Blanche hat ihn im dunklen Anzug und mit einer Orchidee im Knopfloch dargestellt; seine hübschen Züge haben für manchen etwas Orientalisches: Er scheint dem Betrachter »mit schmalen Augen, die die Form und in den Winkeln die Weiße von frischen Mandeln hatten, entgegenzublicken, Augen, die um so eher dazu befähigt schienen, Gedanken zu bergen, als sie dies im Augenblick nicht taten, und dadurch einem tiefen, aber leeren Bassin ähnlich waren, mit vollen Wangen von rosigem Weiß, das sich nach den Ohren zu leicht rötete, um die sich die letzten Ausläufer eines schwarzen, weichen, glänzenden, durcheinandergewirrten Haares ringelten, das Wellen bildete wie bei jemandem, der aus dem Wasser steigt«. Innerhalb weniger Jahre hat sich Proust von einem »unordentlichen Schüler, der damals immer schlecht gekleidet, zerzaust, voller Flecken, fiebernd oder niedergedrückt in seiner Haltung« dahergekommen war, zu einem selbstbewußten jungen Mann gemausert, der praktisch alle Voraussetzungen erfüllt, um »in Gesellschaft zu gehen« *(Jean Santeuil).*

Ein Teil der von Proust schon lange angestrebten feinen Gesellschaft flaniert mit Vorliebe über den Chemin des Planches, eine 1867 errichtete hölzerne Strandpromenade am Fuß der Steilküste. Die Fürstin de Sagan logiert in ihrer Villa Persane unweit des Hôtel des Roches Noires; auf ihren Spaziergängen wird sie von einem kleinen rotgekleideten Negerpagen begleitet, der ihren Sonnenschirm trägt. Die Marquise de Galliffet, eine Cousine von Madame Baignères, residiert in ihrem Château des Roches, einem neomittelalterlichen Bau. Madame Aubernon de Nerville, die in Paris einen literarisch-künstlerischen Salon führt, empfängt in Trouville in ihrem normannischen Landhaus La Cour-Brûlée – ein Name, der Prousts Neugier ungemein

Die 1869 erbaute Villa Les Frémonts, »wo Madame Arthur Baignères damals residierte und wo vom Landsitz ›des Roches‹ oder von der Villa Persane die Marquise von Galliffet, Geschwisterkind der Hausherrin, mit der Fürstin von Sagan herüberkam, beide in ihrer heute nahezu unbeschreiblichen Eleganz einstiger Schönheiten des Kaiserreichs«.
(Essays, Chroniken und andere Schriften)

reizt. Die Gräfin de Montebello hat eine Villa im Louis-XIII-Stil. Das höchst eigenwillige Gemenge unterschiedlicher Stilrichtungen ist bezeichnend für die Entwicklung der mondänen Badeorte im vorigen Jahrhundert.

Geneviève Straus, in die Proust seit langem unsterblich verliebt ist, hat unweit von Les Frémonts ein Grundstück erworben und mit dem Bau der Villa begonnen, die sie Le Clos des Mûriers nennen wird.

Die 1863 in Dienst genommene Bahnverbindung hat die Entfernung zwischen Paris und Trouville schrumpfen lassen: Das Seebad ist in nur fünf Stunden zu erreichen. Bekannt wurde es durch einen Aufenthalt des Schriftstellers Alexandre Dumas: Seit Mitte des 19. Jahrhunderts ist es während der Sommermonate das Ferienziel der Pariser schlechthin. Man nennt es »Königin der Strände« oder auch »der Boulevard des Italiens der normannischen Küste«. Trouville hat Dieppe und Le Tréport, wo Proust als Kind des öfteren mit seinem Bruder und seiner Großmutter mütterlicherseits die Ferien verbrachte, den Rang abgelaufen.

Es waren die Engländer, die den ebenfalls am Ärmelkanal gelegenen Badeort Dieppe in Mode brachten. Der Prinz von Wales kam hierher; die Gräfin Greffulhe, die Proust sehr verehrte, besaß hier eine Villa. Die Sommer mit der Großmutter in den Seebädern an der normannischen Küste sind dem Schriftsteller deutlich in Erinnerung. Er sieht die alte Dame noch vor sich, wie sie bei jedem Wetter, mochte es noch so stürmisch sein, die Fenster weit aufriß, damit die Kinder möglichst viel frische Luft bekamen (einmal, so schreibt Proust in einem der ersten Entwürfe der *Suche nach der verlorenen Zeit*, sei sie deshalb sogar aus dem Hotel geworfen worden). Er erinnert sich voller Zärtlichkeit an die Stunden mit ihr und spricht in einem Brief an seine Mutter vom September 1891 von »jenen Jahren am Meer, als Großmutter und ich, in eins zusammengeschmolzen, plaudernd gegen den Wind angingen«.

RECHTS: Nach der Trennung von ihrem Gatten, dem exzentrischen und umstrittenen General de Galliffet, empfängt die Marquise, geborene Laffitte, die oberen Zehntausend im Château des Roches bei Trouville. Auch der Prinz von Wales verkehrt hier. Das Schloß wurde 1974 abgerissen.

SEITE 37: »Doch an dem folgenden Morgen, nachdem einer der Hotelbediensteten mich geweckt und mir heißes Wasser gebracht hatte, war es, während ich meine Toilette machte und vergebens die Sachen, die ich brauchte, in meinem Koffer suchte, aus dem ich nur in völligem Durcheinander lauter Dinge zog, die mir zu nichts nützten, und ich schon an das Vergnügen des Mittagessens und der Promenade dachte, eine ungeahnte Freude für mich, im Fenster und auf den Scheiben vor den Wandregalen wie durch die Bullaugen einer Schiffskajüte das Meer frei daliegen zu sehen (...).«

(Im Schatten junger Mädchenblüte)

FOLGENDE DOPPELSEITE: Der Strand bei Ostende. »Er gelangte zu einem der dortigen Strände, als es schon dunkelte, und obwohl ein leichter Regen fiel, ging er noch an diesem (es war im Dezember!) einsamen Strand bis dicht ans Meer (...).« *(Jean Santeuil)*

Als 13jähriger fährt Marcel Proust mit den Eltern nach Houlgate, wo er Griechischunterricht nimmt. Sein Lehrer wird später über ihn sagen, daß er schon damals kein Interesse für Spiele zeigte und lieber fern vom Rummel, der am Strand herrschte, sich einen stillen Winkel und einen Gesprächspartner suchte, mit dem er sich über Literatur unterhalten konnte. Statt schwimmen zu gehen, spaziert er über die Deiche oder zieht sich mit einem Buch in die Dünen zurück, wo er ungestört ist. Aber er hält sich viel und gern an der frischen Luft auf. Seine nächste Begegnung mit dem Meer findet 1889 statt, als der 18jährige auf Einladung der Eltern von Horace Finaly nach Ostende fährt. Ostende zählt zu den mondänsten Seebädern Europas, aber für den jungen Mann sind die Küstenorte austauschbar: Der Wind, die grauen Wellen, die tiefhängenden, dunklen Wolken, das alles hat er schon einmal gesehen; die Bilder von der Nordseeküste und die vom Ärmelkanal überlagern sich: »(...) Jean (erinnerte) sich, weit fortgetragen auf den Schwingen des Windes, dessen erstes Geräusch soeben den Schlag seines Herzens beschleunigt, ihn mit Freude erfüllt und seine Flügel ausgespannt hatte, als gehöre er der Rasse der Möwen an (...).« *(Jean Santeuil)*

Nach einem kurzen Aufenthalt in Cabourg trifft Proust also im Frühherbst 1891 in Trouville ein. Den exotischen Villen zieht er, wie luxuriös sie auch waren, damals schon das Ursprüngliche vor.

Der oberhalb des Seebads gelegene Landsitz Les Frémonts hat gegenüber den anderen herrschaftlichen Anwesen, die den Strand säumen, aufgrund seiner Bauweise – zwei rechtwinklig aufeinandertreffende Flügel – einen »in der ganzen Gegend einzigartigen Vorteil« *(Auf der Suche nach der verlorenen Zeit. Sodom und Gomorra):* Er bietet einen herrlichen Ausblick nach drei Seiten, nämlich auf das Hinterland der normannischen Küste, auf den Ärmelkanal und auf das Meer. La Raspelière, die Villa in *Auf der Suche nach der verlorenen Zeit*, die der Marquis und die Marquise de Cambremer an die Verdurins vermietet

Das Landhaus La Cour-Brûlée heute. Die Gründung einer privaten Eigentümergemeinschaft, die die Sanierung übernahm, rettete es vor dem Verfall.

haben, vereint die gleichen Vorzüge in sich. Der Erzähler beschreibt die »hochgelegene Dünenstraße, die ›Corniche‹«, von der aus das Meer wie »von einer Felsspitze oder einem gewundenen Bergpfad aus gesehen, ein bläulicher Gletscher oder eine schimmernde Ebene in geringerer Höhe« wirkt. »Ich glaubte, man könne nirgends einen weiteren Ausblick vor sich haben«, fährt er fort. »Aber an jeder Wegbiegung trat noch ein neuer Teil hinzu; als wir am Schlagbaum von Doville angekommen waren, zog sich die Felsspitze, die uns bis dahin die Hälfte der Bucht verborgen hatte, stärker ein, und plötzlich erblickte ich zu meiner Linken einen Golf, der, ebenso tief wie der bislang erblickte, dessen Proportionen verwandelte und seine Schönheit um ebensoviel vermehrte. (…) Ich hätte am liebsten die Fürstin umarmt und geküßt. Ich sagte ihr, ich hätte noch niemals etwas so Schönes gesehen.« Nirgends kann man einen prächtigeren Sonnenuntergang beobachten als von der Anhöhe aus, und der parkähnliche, riesige Garten der Villa ist so angelegt worden, daß man das Panorama in immer neuen Variationen genießen kann: »(…) zunächst einmal wegen seiner beherrschenden Lage, da er auf der einen Seite das Tal, auf der andern das Meer überschaute, dann aber auch, weil selbst auf einer einzigen Seite, der nach dem Meere zu zum Beispiel, Durchblicke zwischen den Bäumen in der Weise geschaffen worden waren, daß man von einer Stelle den einen Horizont, von der anderen her einen neuen überblickte. An jedem dieser Aussichtspunkte gab es eine Bank (…).« *(Auf der Suche nach der verlorenen Zeit. Sodom und Gomorra)*

Im Sommer 1892, nach bestandener Prüfung im Fach Politikwissenschaft (durch das juristische Examen fiel er durch), fährt Proust nach Trouville, wo er gemeinsam mit seinem Freund, dem künftigen Dichter Louis de La Salle, bei den Finalys wohnt, die Les Frémonts gemietet haben. Die »nette kleine Bande« (Céleste Albaret, *Monsieur Proust*) der Freunde verbringt heitere, unbeschwerte Stunden. Jacques Bizet und

LINKS: Die Kirche von Hennequeville. Sie ist wie die Kirche von Criquebœuf von Efeu überwuchert und diente wie jene als Vorbild für die Kirche von Carqueville, die der Erzähler in *Auf der Suche nach der verlorenen Zeit* gemeinsam mit Madame de Villeparisis besichtigt.

FOLGENDE SEITE: »Doch sobald ich auf der Landstraße angekommen war, stand ich wie geblendet. (…) Die Apfelbäume standen jetzt, so weit das Auge reichte, in voller, unerhört luxuriöser Blüte, wenn auch mit den Füßen im Schmutz, jedoch in Balltoilette und ohne alle Vorsichtsmaßregel, um nicht den herrlichsten rosafarbenen Atlas zu ruinieren, den man jemals gesehen hat und der in der Sonne schimmerte; der ferne Horizont des Meeres bildete für die Apfelbäume einen Hintergrund wie auf einem japanischen Holzschnitt. (…) Diese lebendige Schönheit (…) rührte gerade deshalb zu Tränen, weil sie (…) spüren ließ, daß sie natürlich war, daß diese Apfelbäume dort auf freiem Feld wie Bauern auf einer großen französischen Landstraße standen.«

(Sodom und Gomorra)

Fernand Gregh, der Schriftsteller, Literaturkritiker und Mitglied der Académie française werden sollte, wohnen bei Jacques' Mutter, Geneviève Straus, die den Herrensitz La Cour-Brûlée von Madame Aubernon de Nerville gemietet hat, in der Nachbarschaft entsteht die Villa Clos des Mûriers. Mary Finaly, die Schwester von Horace, eine rosige dunkelhaarige Schönheit, ist in Begleitung ihres Bruders nach Trouville gekommen. Sie ist sehr umschwärmt: Die jungen Männer sind alle verliebt in sie. Geneviève Straus nimmt Marcel nach Deauville zum Pferderennen mit. Abends gehen die Freunde im Mondschein spazieren, tagsüber unternehmen sie Ausflüge in die Region um Trouville: zu den Steilfelsen Les Creuniers (Andrée in *Im Schatten junger Mädchenblüte* führt den Erzähler dorthin), zur Kirche von Hennequeville mit ihrem schrägen Portal, zur Kirche von Criqueboeuf, »die ganz unter Efeu versteckt ist« *(Auf der Suche nach der verlorenen Zeit. Im Schatten junger Mädchenblüte)*, ins Tal von Villerville, wo die Villa des Dramatikers Georges de Porto-Riche steht. Bis zur Côte de Grâce und den Allées Marguerite oberhalb von Honfleur kommen die Freunde auf ihren Spazierfahrten. »Wir fuhren an; hinter dem Bahnhof abbiegend kamen wir auf einen Fahrweg, der durch die Felder führte und mir von der Schneise an, wo er sich zwischen reizenden Gehöften hinzog, bis zu der Biegung, wo wir inmitten von bestellten Äckern ihn verließen, bald ebenso vertraut war wie die Landstraßen rings um Combray. Auf den Feldern tauchten vereinzelt Apfelbäume auf, die freilich ihre Blüten verloren hatten und nur noch Büschel von griffelbesetzten Fruchtknoten trugen, aber dennoch genügten, um mir ein Gefühl der Beglückung zu geben, denn ich erkannte an ihnen die unvergleichlichen Blätter, über deren Breite wie über den Läufer unter der Eingangstür zu einem nun freilich verrauschten Hochzeitsfest noch eben die weiße Seidenschleppe der zart errötenden Blüten hinweggeglitten war.« *(Auf der Suche nach der verlorenen Zeit. Im Schatten junger Mädchenblüte)*

Proust ist stets auf der Suche nach den wechselnden Ansichten, die das Meer ihm zu bieten vermag. Er liebt den Duft »nach Laub, Milch und Meeressalz« (aus einem Brief an Louisa de Mornand vom Sommer 1905). Zuweilen verspürt er das Bedürfnis, sich abzusondern, allein spazierenzugehen, um den berauschenden Anblick der Apfelbäume zu genießen. So, wie der Weißdorn untrennbar mit den Erinnerungen an Illiers verknüpft ist, gehören der Apfelbaum und seine Blüten zu jenen Jahren am Meer: »Wie oft habe ich in Paris im Mai des folgenden Jahres mir einen Apfelblütenzweig im Blumenladen gekauft und dann die ganze Nacht vor seinen Blüten gesessen, in deren Innern die gleiche rahmige Substanz aufquoll, die auch noch die Blattknospen mit ihrem Schaum überzog, und zwischen deren weißen Blumenkronen, wie es schien, der Händler, von dem ich sie gekauft, aus Großzügigkeit des Schenkens, aus Erfinderfreude vielleicht oder um des Kontrastes willen an den Seiten noch zusätzlich höchst kleidsame rosa Knospen angebracht hatte.« *(Auf der Suche nach der verlorenen Zeit. Im Schatten junger Mädchenblüte)*

Auf ihren Ausflügen kehren die jungen Leute manchmal auch in einem Gasthaus ein: »An manchen Tagen vesperten wir in einem der Bauernhöfe, die gleichzeitig Gaststätten waren. Es gab eine ganze Reihe davon: Des Écorres, Marie-Thérèse, La Croix d'Heuland, Bagatelle, Californie, Marie-Antoinette. Dies letzte war bei der kleinen Freundinnenschar ganz besonders beliebt.« Die Freunde stärken sich mit Cidre und *pain brié*, einer Brotsorte, die im 14. Jahrhundert von spanischen Mönchen, die an der Küste des Calvados gestrandet waren, eingeführt worden war und sich ihrer Haltbarkeit wegen durchgesetzt hatte. Vor allem bei den Seeleuten war sie deshalb beliebt. »Manchmal aber stiegen wir auch, anstatt in eine solche ›Ferme‹ zu gehen, auf die hohe Düne hinauf, setzten uns oben angekommen ins Gras und packten unsere mitgenommenen Sandwich- und Kuchenpakete aus. (...) Auf der hohen Düne ausgestreckt sah ich vor mir nur Wiesen und über ihnen nicht die sieben Himmel der christlichen Physik, ondern nur zwei übereinandergeschichtete, einen dunkleren – das Meer – und darüber einen von blasserem Ton.« *(Auf der Suche nach der verlorenen Zeit. Im Schatten junger Mädchenblüte)*

Die Ausflüge mit der netten kleinen Bande werden Proust in bester Erinnerung bleiben. Als sich die mit ihm befreundete Schauspielerin Louisa de Mornand 13 Jahre später in der Gegend von Trouville aufhält, empfiehlt er ihr in dem bereits erwähnten Brief verschiedene Spazierwege und nennt ihr lohnende Ausflugsziele, zum Beispiel die Kirche von Criquebœuf: »Wenn Sie das bescheidene kleine, ganz von Efeu umhüllte Kirchlein von Criqueboeuf sehen, dann richten Sie ihm herzliche Grüße von mir aus, und auch einem alten Birnbaum, der, gebrochen aber zäh wie eine alte Magd, mit der ganzen Kraft seiner alterskrummen, doch noch grünen Arme sich an einem Häuschen im Nachbardorf behauptet, an dessen einzigem Fenster oft hübsche Gesichter von kleinen Mädchen lächeln, die vielleicht längst

VORHERGEHENDE SEITE: »Jean trat in die weiträumige, düstere Kirche ein, in der man im Sommer sicher die Kühle und den Frieden der Wälder fand. Unter diesem steinernen Blättergewirr stand rechts das Weihwasserbecken, frisch und kühl gleich einem Quell, geräumig wie eine Tränke.«

(Jean Santeuil)

nicht mehr klein und nicht mehr hübsch und auch keine Mädchen mehr sind; denn es ist lange her.« *(Briefe zum Werk)*

In diesen Herbstwochen 1892 schreibt Marcel Proust einige Novellen für die Zeitschrift *Le Banquet*, die er im selben Jahr mit ein paar ehemaligen Klassenkameraden vom Lycée Condorcet gegründet hat.

Die Sommermonate der folgenden beiden Jahre verbringt Proust ebenfalls in Trouville, diesmal allerdings mit seiner Mutter. Sie steigen im Hôtel des Roches Noires ab, dem Hotel der Aristokraten und der oberen Zehntausend, die aus der ganzen Welt anreisen. Das Hauptgebäude und die Dependance Les Roches normandes sind wunderschön am Strand gelegen, zwischen dem Hafendamm, den hölzernen Wellenbrechern und dem in Stahlbauweise erstellten und vor kurzem erst eingeweihten Vergnügungspier, der sechshundert Meter weit ins Meer hinausragt. Die Schiffe können jetzt unabhängig von den Gezeiten anlegen, und für zwanzig Centimes Eintritt werden dem Besucher allerlei Vergnügungen geboten, eine Idee, die von englischen Seebädern übernommen worden ist. Zum Schutz vor Wind und Sonne sind Zelte aufgestellt worden; zweimal täglich findet ein Konzert statt, Cafés und ein Restaurant sorgen für das leibliche Wohl. Um sich gegen den Konkurrenten Deauville, das steigende Besucherzahlen verzeichnet, behaupten zu können, bietet das Hôtel des Roches Noires seinen Gästen jeden nur erdenklichen Komfort: dreihundert Zimmer, ein Großteil mit Bad ausgestattet, Appartements, Transport vom Bahnhof zum Hotel im Pferdeomnibus, Strandkabinen auf Rädern, die bei Ebbe von Zugtieren bis zum Wasser hinausgezogen werden, damit die Gäste nicht aufs Baden verzichten müssen. In jenen Sommern sind die Prousts Nachbarn von Geneviève Straus.

Von 1893 an empfängt Madame Straus im Landsitz Le Clos des Mûriers. Sie ist die Tochter des Komponisten Fromental Halévy. Als Zwanzigjährige heiratete sie 1869 einen Schüler ihres Vaters: Georges Bizet, den Komponisten von *Carmen*. Bizet starb 1875 im Alter von nur 37 Jahren an den Folgen eines Herzanfalls; wenige Wochen zuvor war *Carmen* bei der Uraufführung an der Pariser Opéra-Comique durchgefallen. Die Witwe wird von Émile Straus umworben, dem Anwalt (und vielleicht auch aus einer unehelichen Verbindung stammenden Halbbruder) von Alphonse, Edmond und Gustave de Rothschild. Elf Jahre nach dem Tod ihres ersten Mannes heiratet Geneviève ein zweites Mal. Die gebildete, geistreiche, von einem ausgeprägten Schönheitssinn beseelte Frau führt einen der anspruchsvollsten Pariser Salons. In ihrer Wohnung am Boulevard Haussmann Nummer 134 empfängt sie unter anderem die Schriftsteller Guy de Maupassant, Paul Bourget, Paul Hervieu sowie die Schauspieler Lucien Guitry und Sarah Bernhardt. Jacques darf seine besten Freunde zu den Soirées seiner Mutter einladen. Marcel Proust ist 19, als er Geneviève Straus seinen ersten Brief schreibt. Er überhäuft sie mit Blumen, und die innige Verbindung zwischen ihnen wird selbst dann nicht abreißen, als sein Leben sich ausschließlich nachts und das ihre sich am Tage abspielt, weil sie, von Krankheit geschwächt, abends nicht mehr ausgehen kann.

Von Freunden auf die Vorzüge Trouvilles aufmerksam gemacht, hat sich das Ehepaar Straus entschlossen, dort ein Grundstück zu erwerben. Es ist fünf Hektar groß und liegt auf der ersten Anhöhe hinter dem Strand, nicht weit entfernt vom Hôtel des Roches Noires, von der Villa Persane, vom Château des Roches. Der Pariser Architekt Le Ramey wird mit dem Bau des dreigeschossigen Hauses beauftragt, und der Gärtner Claude Tanton, ein Einheimischer, den die Fürstin de Sagan empfohlen hat, versieht den Garten mit Rosenbeeten, Rasenflächen, einem Ziergarten, der die Blumen für den Blumenschmuck im Haus liefern soll, und, um die normannische Note zu betonen, einem Obstgarten mit Apfelbäumen. Nach drei-

LINKS: Das Hôtel des Roches Noires in Trouville. Es befindet sich heute im Besitz einer Eigentümergemeinschaft. Das Foyer wurde 1924 vom französischen Architekten Robert Mallet-Stevens neu gestaltet.

SEITE 44: Alexander Harrison, *Seestück.* »Eine bezaubernde Sonnenscheinstudie von Harrison – ein Bild, (...) auf dem der Maler aus dem Vermögen heraus, das einem einzig Liebe und Talent verleihen, diese Gegend hier denen vor Augen führte, die sie noch nicht kannten, samt allem, was sich einem nur auf die Dauer offenbart, wenn man liebevoll jeden Augenblick mit einer Sympathie dabei verweilt, die uns noch, wenn wir jene verlassen haben, mit der ganzen Frische der Erinnerung begleitet – wurde soeben von der Sonne getroffen.« *(Jean Santeuil)*

jähriger Bauzeit ist das Landhaus im Sommer 1893 beziehbar. Der Name Clos des Mûriers – Gut Maulbeerbaum – beweist, daß das Ehepaar Straus Sinn für Humor hat. Geneviève und Émile waren nämlich überzeugt davon, daß es sich bei dem Dornengestrüpp, das das ganze Grundstück überwucherte, um Maulbeerbäume handelte. Als sie ihren Irrtum erkannten, nahmen sie die Sache von der heiteren Seite und schickten ihren Gärtner nach Südfrankreich, damit er dort die schönsten Maulbeerbäume kaufe, die zu bekommen waren. Sie wurden im Park entlang des Hauptwegs gepflanzt. Jedes Zimmer der Villa ist in einer anderen Farbe gehalten: rosarot, blau, malvenfarben. Die Gäste sind voll des Lobes über die gelungene Architektur, die geschmackvolle Inneneinrichtung, die Gestaltung des Gartens und den Blick auf das Meer.

Während Émile Straus sich seinen Rosen widmet und Jacques fotografiert und die Aufnahmen dann in seinem eigenen Labor entwickelt, geht Geneviève mit ihren Freunden, zu denen auch Marcel Proust zählt, spazieren, in der einen Hand einen Sonnenschirm und in der anderen die Leine ihrer kleinen Hündin Vivette.

Nach seinen Ausflügen aufs Land oder Spaziergängen über den Damm verfaßt Proust einige Texte, im Sommer 1894 aber auch verzweifelte Briefe an einen Mann, den er vergeblich bedrängt, nach Trouville zu kommen: »Sicherlich werden Sie hier nicht den gleichen Komfort haben, den ich Ihnen bieten könnte, wenn ich eine Villa hätte, aber Ihr Zimmer liegt im ersten Stock neben meinem und hat Seesicht. Und etwas Besseres als Madame Straus kann ich fast nicht bieten.« Diesen Mann, einen jungen Konservatoriumsschüler, hat Proust am 22. Mai 1894 im Salon der Malerin Madeleine Lemaire kennengelernt. Sie empfängt immer dienstags in ihrem kleinen Haus Rue Monceau 35, dessen Hof mit den duftenden Fliedersträuchern von allen geschätzt wird. Der 18jährige Reynaldo Hahn, so heißt der junge Mann, unterhält die Gäste mit Gesang und Klavierspiel.

Trouville. Die zwischen 1846 und 1849 errichteten und in den Jahren 1858/59 verlängerten hölzernen Wellenbrecher ermöglichten den Bau der Hafenanlage des Seebads. Zu Beginn des 20. Jahrhunderts legten hier die Dampfschiffe an, die Gäste aus Le Havre brachten.

Für Marcel Proust ist es Liebe auf den ersten Blick. Der in Caracas geborene Reynaldo stammt aus einer reichen Familie: Die Mutter ist eine katholische Venezolanerin, der Vater ein deutscher Jude. Die Hahns sind 1877 nach Frankreich ausgewandert und wohnen in der Pariser Rue du Cirque.

Im Sommer 1895 nimmt Proust an einem Auswahlverfahren für die unbezahlte Stelle eines Bibliotheksbeigeordneten in der Bibliothèque Mazarine teil. Er erhält den Posten und tritt ihn im Juni an. Nur wenige Wochen später nimmt er schon wieder Urlaub, den er mit Hahn am Meer verbringt. Im August fahren sie auf Einladung von Madeleine Lemaire nach Dieppe, wo sie die Bekanntschaft des Komponisten Camille Saint-Saëns machen. »Wir gehen sehr viel spazieren«, schreibt Reynaldo seiner Schwester Maria. Einer ihrer Ausflüge führt sie nach Le Petit-Abbeville, wo Marcel im Gras an der Straße nach Rouen, den Kopf auf trockenes Laub gebettet, die prächtigen Buchen bewundert. Auf Wunsch Reynaldos brechen sie gemeinsam zu einer großen Rundreise durch die Bretagne auf. Es ist Anfang September. Nach 14stündiger Bahnfahrt steigen sie in das Schiff um, das sie nach Belle-Île-en-Mer bringt auf ihrer »Pilgerfahrt zu den Stätten, die Sarah Bernhardt berühmt gemacht hat«, wie Proust etwa im Oktober in einem Brief an Gabriel d'Yturri, den Sekretär Robert de Montesquious, schreibt *(Briefe zum Werk)*. Aber das mondäne Leben dort reizt sie nicht. Sie fahren weiter nach Beg-Meil an der bretonischen Küste, das er in oben zitiertem Brief einen »primitiven, merkwürdigen Ort« nennt, wo sie im Nebengebäude des Hôtel de la Plage wohnen, dessen Eigentümer ein gewisser Monsieur Fermont ist. Ihr Eintrag ins Gästebuch beweist, daß sie keine Zweifel an ihrer Bestimmung haben: »Reynaldo Hahn, Musiker« und »Marcel Proust, Literat« steht dort. Die zwanzig Zimmer sind recht spartanisch ausgestattet, es gibt nicht einmal Toiletten. Proust klagt über die Brennesseln, Hahn über die Stechmücken und das Essen. In dem abgeschiedenen Ort leben Freunde der Prousts, die Bénacs, die das junge Liebespaar freundlich auf ihrem Bauernhof aufnehmen. Während ihres Aufenthalts in Beg-Meil lernen die beiden den für seine Seestücke berühmten amerikanischen Maler Alexander Harrison kennen, der einige Monate im Jahr in der Bretagne lebt. Er empfiehlt ihnen ein paar Spazierwege, der landschaftlichen Schönheit und der Aussicht wegen. Hahn und Proust geraten ins Schwärmen beim Anblick des Semaphors (eines Signalmasts mit schwenkbaren Armen), der kleinen Dorfkirche, der Sonnenuntergänge. Sie wandern zur sturm-

Die Aufnahme aus dem Jahr 1893 zeigt Geneviève Straus im Kreis von Freunden im Garten ihrer Villa Le Clos des Mûriers. Marcel Proust sitzt links außen auf der Bank; neben ihm Étienne Ganderax, der Bruder von Louis Ganderax, dem Herausgeber der *Revue de Paris*, und, stehend rechts außen, Louis de La Salle, ein Freund Prousts.

umtosten Pointe de Penmarch, machen Ausflüge nach Auray, Douarnenez, Audierne, Quimper und zur Pointe du Raz. Die großen Apfelbäume, schreibt Proust an Albert Aublet, der Duft des Cidres, der sich mit dem des Tangs vermischt, das alles gebe dem Land eine frische normannische Note. Auf der einen Seite könne man das Meer sehen, das überaus bretonische, überaus trübselige Meer. Und auf der anderen die Bucht von Concarneau, blau und malerisch wie der Genfer See. Die jungen Männer freunden sich auch mit einem Fischer an, der sie in seinem Boot mit aufs Meer hinaus nimmt.

Wenn sie im Hotel bleiben, komponiert und textet Hahn neue Lieder, während Proust an Entwürfen für den Anfang seines Romans *Jean Santeuil* arbeitet, der das Glück dieser unbeschwerten Stunden zu zweit wiedergibt. Glück, das sind die einfachen Dinge: die anspruchslosen Mahlzeiten, die sie am Tisch eines Bauernhofes draußen im Freien einnehmen, im Angesicht des Meeres; die Ausflüge in die Dünen, wo sie, im Sand ausgestreckt, Madame de Sévigné und Balzac lesen; die Begegnungen mit Einheimischen. Nicht lange nach dieser Reise wird es zu Streitigkeiten zwischen den jungen Männern kommen, die ihr Verhältnis trüben werden. Aus der leidenschaftlichen Zuneigung wird jedoch eine enge, lebenslange Freundschaft. Sie bleiben Vertraute, die wie Schulbuben Deck- und Kosenamen für sich erfinden.

Le Clos des Mûriers, ebenso wie Les Frémonts und La Cour-Brûlée oberhalb von Trouville gelegen. Die Villen dienten als Vorbilder für La Raspelière in *Auf der Suche nach der verlorenen Zeit.*

LINKS: »Ich sah die Bäume entschwinden, sie streckten verzweifelt die Arme aus, ganz als wollten sie sagen: was du heute von uns nicht erfährst, wirst du niemals erfahren. (…) Und als ich nach der Wendung des Wagens ihnen den Rücken kehrte und sie nicht mehr sah, war ich, während Madame de Villeparisis mich fragte, weshalb ich so nachdenklich sei, von Trauer erfüllt wie nach dem Verlust eines Freundes, als sei ich mir selber gestorben, als habe ich einen Toten verleugnet, einen Gott nicht erkannt.«

(Im Schatten junger Mädchenblüte)

Proust wird sich nie wieder so frei fühlen wie in jenen Jahren am Meer. Nach den Ausflügen rund um Illiers, auf denen der kleine Junge gegen den Wind ansang, hat er als junger Schriftsteller am Meer die Urgewalt der Stürme erlebt, die entfesselten Elemente, die dem Menschen vor Augen führen, wie klein und schwach er doch ist. Zuweilen schien es ihm, als stünde er »an Gestaden, die noch seit Anbeginn der Welt kein Mensch betreten hat« *(Jean Santeuil)*, und er hat jenes rauschhafte Glücksgefühl kennengelernt, das einen auf den höchsten Gipfeln ebenso befällt wie in den tiefsten Abgründen. Er hat einen Mann geliebt, dessen schöpferische Kraft der seinen in nichts nachsteht: Was die Musik für den einen, ist die Literatur für den anderen. Auch wenn sich die Umrisse des Weges, den er gehen muß, zu diesem Zeitpunkt nur undeutlich abzeichnen: die ersten Schritte sind getan. Die kurzen Texte, die er bisher geschrieben hat, wird er zu einem strukturierten Ganzen zusammenfügen, zum Roman *Jean Santeuil*, dem Vorboten von *Auf der Suche nach der verlorenen Zeit.*

Im Juni 1896 veröffentlicht Proust sein erstes Buch, *Freuden und Tage*, eine Sammlung verschiedener Texte, von denen einige in Trouville verfaßt wurden. Es wird ein Mißerfolg. Aber Prousts Gabe, die Welt mit offenen Augen zu betrachten, hat ihre volle Entfaltung erfahren.

RECHTS: Reynaldo Hahn. Er wird unter anderem die Musik für Jean Cocteaus Ballett *Der blaue Gott* komponieren.

SEITE 51: »Abends nimmt die warme Feuchtigkeit dieses Landes hier zu, und der Tanggeruch verliert sich unter dem stärkeren der grünen Äpfel an den Bäumen sowie der roten, die zu Boden gefallen sind.«

(Jean Santeuil)

Am Genfer See

Ein Sonnenstrahl, wie er ihn dort ganz plötzlich erlebte, ein Windhauch an einem sonnigen Tag berührte nicht nur seine Augen und drang ihm nicht nur in die Brust: sie kannten den Weg zu seinem Herzen und trugen ihm Erinnerungen zu.

(Jean Santeuil)

Marcel Proust ist 28 Jahre alt, als er am 26. August 1899 seine Eltern im Splendide et Grand Hôtel des Bains (kurz: Splendide) in Évian am Südufer des Genfer Sees besucht. Wer etwas auf sich hält, steigt hier, im vornehmsten Haus am Platz, ab. Jeanne Proust kommt regelmäßig zur Kur hierher. Bekannt wurde Évian durch einen Aufenthalt Napoléons III. und seiner Gemahlin, Kaiserin Eugénie, im Jahr 1856. Danach entdeckten die Engländer die wohltuende Wirkung der Heilquellen, und bald pilgerte die feine Gesellschaft aus dem In- und Ausland an den Genfer See. Bereits 1839 stiegen die ersten »Wassertrinker«, wie man die Kurgäste nannte, in dem vierzig Meter hoch am Hang über dem See gelegenen Hôtel du Haut ab. 1882 wird es erweitert und modernisiert und in Grand Hôtel des Bains umbenannt. 1895 wirbt es mit seinen Vorzügen: »herrliche Aussicht auf See und Alpen, Garten, Terrasse, Aufenthaltsraum, Bibliothek, vorzügliche Küche, erlesene Weine, Konzerte, Bälle, bunte Abende«. Zwei Jahre später beauftragt die Kurgesellschaft den Architekten Ernest Brunnarius mit einer neuerlichen Erweiterung durch Aufstockung. 1898 ist der Umbau fertig, das neu

SEITE 52 UND IM HINTERGRUND: Blick vom Garten der Villa Bassaraba in Amphion auf den Genfer See

OBEN: Marcel Proust auf einer um 1895 entstandenen Aufnahme. Otto, der Fotograf, hatte sein Atelier Place de la Madeleine, an der Einmündung des Boulevard Malesherbes, nicht weit vom Haus der Prousts entfernt.

RECHTS: Der Speisesaal des Splendide et Grand Hôtel des Bains in Évian. Der Bau inspirierte Proust zum Bild des Aquariums, das er verwendete, um den Speisesaal des Grand-Hôtel in Balbec in *Auf der Suche nach der verlorenen Zeit* zu beschreiben.

SEITE 55: Blick ins Innere des Speisesaals des Splendide. »Seitdem ich dergleichen auf Elstirs Aquarellen gesehen hatte, suchte ich in der Wirklichkeit, da ich sie jetzt wie etwas Poetisches liebte, die unterbrochene Gebärde der noch kreuz und quer umher liegenden Messer wiederzufinden, die gebauschte Form einer nicht zusammengelegten Serviette, in die die Sonne ein Stückchen gelben Samt einwebt, das halbgeleerte Glas, das dadurch um so besser die edle Flucht seiner Umrißlinien zeigt (...); ich versuchte die Schönheit der Dinge dort zu erkennen, wo ich sie mir niemals vorgestellt, in den gebräuchlichsten Dingen, jenem intensivierten Dasein, das auf ›Stilleben‹ dargestellt wird.«

(Im Schatten junger Mädchenblüte)

eröffnete Grand Hôtel des Bains wird zum Treffpunkt der High-Society aus der ganzen Welt. Weil der Weg relativ steil und beschwerlich ist, verkehrt seit 1896 alle zehn Minuten eine Zahnradbahn zwischen dem Hotel und dem Kurhaus. Eine Fahrt kostet zehn Centimes. Damit die Kurgäste sich während ihrer Brunnenkur nicht langweilen, beschließt die Stadt die Einrichtung eines Casinos im Château Blonay. Ein Musikpavillon, zwischen Casino und See gelegen, kommt hinzu, ferner eine Eisdiele, ein Billardsalon, ein Restaurant und zuletzt ein Theater.

Seit 1882 besteht eine Bahnverbindung zwischen Paris und Évian via Annemasse und Thonon. Die Strecke wird ausgebaut und führt 1886 am gesamten Seeufer entlang bis nach Saint-Gingolph. Unweit des Splendide wird während der Saison ein Haltepunkt mit Namen »Les Bains d'Évian« eingerichtet, da der Hauptbahnhof im zehn Minuten entfernten Ortskern liegt.

Proust entscheidet sich nicht sofort für das Splendide. Auf seiner Suche nach Impressionen stellt er gewisse Ansprüche an seine Unterkunft, die im Laufe der Jahre noch wachsen werden. Er wünscht sich vor allem Ruhe. Am liebsten, so schreibt er dem mit ihm befreundeten Constantin de Brancovan, wäre ihm ein Hotel, »das so leer ist, daß man ein isoliertes Zimmer bekommt, in dem man so lange schlafen kann, wie man will, ohne vom Lärm der Schritte aus den Zimmern darüber und daneben gestört zu werden«. Außerdem muß der Raum mit Fensterläden und dicken Vorhängen ausgestattet sein, so daß er völlig abgedunkelt werden kann. Und nicht zuletzt legt er Wert darauf, daß ihm die anderen Hotelgäste sympathisch sind. Constantin de Brancovan rät ihm daraufhin vom Hôtel d'Amphion ab und lädt ihn in die Villa seiner Familie, die Villa Bassaraba, ein. Proust entschließt sich dann aber doch, im selben Hotel abzusteigen wie seine Eltern. Eindrücke von Seen und ihren Landschaften hat er bereits früher gesammelt. 1893 etwa, als er zu seinen Freunden Louis de La Salle und Robert de Montesquiou nach Sankt Moritz fuhr, den bei der europäischen Prominenz sehr beliebten Wintersport- und Höhenluftkurort im Oberengadin. Die Freunde machten lange Wanderungen: vom Bernina-Hospiz bis zur Grümalp, zum Silser See und zum Silvaplaner See, über den Julierpaß und auf der Landstraße in Richtung Chur. Élisabeth Fould erzählt in ihrem Tagebuch von den Besuchen Prousts, der ein Freund ihres Vaters, des Bankiers Léon Fould, war, und erwähnt auch, daß er stets denselben rotbraunen Tweedanzug trug.

In den Spätsommertagen 1899 schreibt er in seinem Hotelzimmer in Évian ein paar Seiten von *Jean Santeuil* sowie einige Artikel. Er geht aber auch oft aus und besucht ein paar von den Freunden, die rund um den See wohnen. Die Fürstenfamilie Bassaraba de Brancovan hält sich in ihrer Villa in Amphion auf. Fürstin Rachel de Brancovan, Tochter des Konstantinopler Botschafters in London, ist verwitwet; ihr Mann Grégoire stammte aus einer alten rumänischen Adelsfamilie. 1870 erwarb er das Grundstück am Genfer See mit dem Chalet Irène vom Grafen Waleski und ließ im Park eine prächtige Villa im römisch-byzantinischen Stil errichten, die der französische Baumeister Eugène-Emmanuel Viollet-le-Duc entworfen haben soll. Constantin, einziger Sohn des Fürstenpaars, wurde 1875 in der Villa Bassaraba geboren. Seine um ein Jahr jüngere, in Paris geborene Schwester Anna ist seit kurzem mit dem Vicomte Mathieu de Noailles verheiratet. Die 23jährige schreibt Gedichte, über die sich Proust anerkennend äußert. Auch für Hélène, die Jüngste, verheiratete Fürstin de Caraman-Chimay, hat Proust viel Sympathie übrig, und er widmet ihr seinen Essay *Tage des Lesens*.

Fürstin Rachel ist eine hervorragende Pianistin und gibt sehr oft Gesellschaften. Sie bewohnt das Hauptgebäude, das Schlößchen, wo sie ihre Gäste zum Essen empfängt; ihre Tochter Anna wohnt im Chalet und Sohn Constantin in einem eigenen kleinen Haus. Besucher werden in einem separaten Gebäude, La Ferme genannt, untergebracht. Bei schlechtem Wetter wird jeder Gast mit dem Wagen abgeholt. Der Park ist für seine Schönheit bekannt, und in Abwesenheit der Brancovans steht er der Allgemeinheit zur Verfügung. Der Gärtner der Fürstenfamilie

Die Terrasse des Splendide. »Auch die verschiedenen Orte der Erde sind Wesenheiten, deren Persönlichkeit so stark ist, daß manche Leute sterben, weil sie von ihnen getrennt sind, und in jedem Fall etwa so Besonderes, daß viele alljährlich die Annehmlichkeit ihrer Gesellschaft suchen und in Zeiten der Abwesenheit die Erinnerung an ihren Zauber bewahren.« *(Jean Santeuil)*

RECHTS: Die Anlegebrücke für die Jacht der Familie Bassaraba de Brancovan

RECHTS: Der Salon im Schlößchen, dem Hauptgebäude der Villa Bassaraba

SEITE 59: Das Chalet von Anna de Noailles

beginnt 1876 mit der Gestaltung der Anlage, für die er mehrfach Auszeichnungen erhält. Aufsehen erregen insbesondere die Bäume und Pflanzen, die er aus Asien kommen läßt. Der Park fällt sanft zum See hin ab. Für die Jacht

Romania wurde eigens eine Mole gebaut. Mit dem Schiff werden die Gäste rund um den See abgeholt und wieder nach Hause gebracht; außerdem dient es als Speisesaal für Zwischenmahlzeiten. Proust wird diese Kulisse samt Garten und Jacht in *Auf der Suche nach der verlorenen Zeit* verwenden: Féterne heißt das Landhaus in Balbec, das Madame de Cambremer, deren reales Vorbild Fürstin Rachel ist, gehört. Der Erzähler erhält eine Einladung dorthin: »(…) dank der begünstigten Lage von Féterne (schoben sich) Feigen, Palmen und Hochstammrosen bis ans Meer vor (…), das oft in geradezu mediterraner Ruhe und Bläue dalag und auf dem die kleine Jacht der Besitzer vor dem Beginn des Festes aus den Ortschaften auf der anderen Seite der Bucht die wichtigsten Gäste abholte; mit den zum Schutz gegen grelles Licht ausgespannten Sonnensegeln diente jene dann, wenn alles beisammen war, als Speiseraum für die Teemahlzeit und brachte am Abend

OBEN LINKS: Das Château de Coudrée bei Sciez

OBEN RECHTS: Die Dichterin Anna de Noailles vor der Villa Bassaraba

SEITE 61: Die Platanenallee des Château de Coudrée

diejenigen wieder zurück, die sie herbeigeführt hatte.« *(Sodom und Gomorra)*

Beim Tennisspiel wechseln die jungen Leute nicht nur Bälle. Anna de Noailles rezitiert dabei ihre Gedichte, und Proust nimmt lebhaften Anteil an ihrem literarischen Schaffen. Zu den Gästen in der Villa Bassaraba zählen auch der Romancier Abel Hermant, der Pianist Léon Delafosse und das Fürstenpaar de Polignac. Proust hält sich bei seinen Freunden auf, als er am 9. September 1899 vom Urteil gegen Hauptmann Alfred Dreyfus erfährt, dessen glühender Anhänger er ist. Dreyfus, Franzose jüdischer Abstammung, war bereits 1894 wegen angeblichen Landesverrats zu lebenslänglicher Deportation nach der Teufelsinsel verurteilt worden. Im jetzigen Wiederaufnahmeverfahren lautet die Strafe noch immer zehn Jahre Gefängnis. Das Urteil wird am Casino angeschlagen. Gäste und Gastgeber sind gleichermaßen betroffen; Anna de Noailles bricht in Tränen aus. Proust, der nicht nur sich für Dreyfus eingesetzt hatte und Anatole France für seine Sache gewinnen konnte, sondern auch gemeinsam mit Louis de Robert, dem Sekretär Pierre Lotis, dem Prozeß beigewohnt hatte, den man Zola im Februar 1898 nach seinem Manifest *J'accuse!* machte, ist fassungslos, zugleich aber zuversichtlich, wie aus einem Brief an seine Mutter hervorgeht: »Was das Urteil angeht, so wird man es auf dem Gerichtswege aufheben. Moralisch ist es schon geschehen.« (Brief vom 10. September 1899, *Briefe zum Leben*) Doch erst 1906 wird Dreyfus endgültig rehabilitiert werden.

Zu den Freunden, die Proust regelmäßig besucht, zählen auch Clément de Maugny und Pierre de Chevilly. Ersterer ist in Maugny oberhalb von Thonon zu Hause, letzterer unweit von Corzent in dem am Seeufer gelegenen

Château de Montjoux. Hin und wieder fahren sie, gelegentlich begleitet von Pierres Schwester Marie, in einem alten Rumpelkarren zu den Bartholonis, die im Château de Coudrée bei Sciez wohnen. Proust mummt sich trotz der Hitze in einen warmen Wollschal ein. Um sich unterwegs die Zeit zu vertreiben, rezitieren sie Verse von Anna de Noailles, Victor Hugo und Alfred de Musset. Marie-Thérèse Bartholoni, eine Patentochter des Schriftstellers und Staatsmannes François René de Chateaubriand und ehemalige Hofdame der Kaiserin Eugénie, war mit dem Deputierten des Departements Haute-Savoie, Anatole Bartholoni, verheiratet. Das Paar hatte drei Töchter: Jeanne-Françoise, die dadurch auffällt, daß sie im Herrensitz reitet; Marie-Constance, die sich weniger aufsässig gebärdet; und Eugénie, genannt Kiki, eine lebhafte, fröhliche junge Frau, für die Marcel Proust am meisten übrig hat. Marie-Thérèse ist eine überaus unkonventionelle Frau; sie scheut sich beispielsweise nicht, sich die Haare leuchtend rot zu färben. Das Schloß, das im 13. Jahrhundert vom Kloster Saint-Maurice-d'Agaune an die Familie d'Allinges abgetreten wurde, blickt auf eine lange, wechselvolle Geschichte zurück. Hier haben sich Wunder ereignet, sind Kämpfe ausgetragen worden, hohe Gäste zu Besuch gewesen. Seine Bauweise ist recht eigenwillig; so wird etwa der Hof von einem quadratischen Wehrturm überragt. Im Innern gelangt man über Gänge, die aus dem Mittelalter stammen, in die Schloßkapelle. Neben gotischen Zimmern finden sich Räume im Renaissancestil mit prunkvollen Kaminen und in den Türmen Boudoirs im Louis-XV-Stil. Gäste werden gern durch die Platanenallee zu dem mehrere hundert Jahre alten Buchsbaumwald geführt, dessen Bäume zum Teil zehn Meter hoch sind. Im 17. Jahrhundert ließ Marquis d'Alfieri hier nach dem Vorbild der Turiner Straßenanlage Wege dergestalt anlegen, daß sich ein sternförmiges Muster ergab. Die alte Eiche in der Mitte dieses Sterns soll aus der Zeit der Druiden stammen. Der letzte Marquis de Coudrée hatte keine Nachkommen. Als er 1840 starb, fiel das Schloß seinen Cousins zu, deren Erben das Anwesen schließlich dem Genfer Finanzmann Anatole Bartholoni verkauften.

Die Villen der Freunde haben alle Seesicht, aber für Proust verwandelt sich der See zu einer ganz bestimmten Stunde in das Meer: »Doch alles das bereitet ihm, ohne ihn

OBEN: Marcel Proust bei seinen Freunden, den Brancovans, im Garten der Villa Bassaraba. Die Aufnahme entstand 1899. Im Vordergrund Fürstin Hélène de Caraman-Chimay und der Schriftsteller Abel Hermant; dahinter von links nach rechts: Marquise de Monteynard, Fürstin de Polignac, Gräfin Anna de Noailles; letzte Reihe von links nach rechts: Fürst Edmond de Polignac, Madame Bartholoni, Marcel Proust, Fürst Constantin de Brancovan, Mademoiselle Jeanne Bartholoni und der Pianist Léon Delafosse.

an etwas zu erinnern, lediglich ein gewisses Vergnügen, als hinter den Feldern in seiner ganzen Länge der Genfer See auftaucht, in seiner Vier-Uhr-Ruhe, auf der sich die Kielwasserspuren hinziehen und verknüpfen wie lange, weiße Fäden auf dem Meer, Spur des Lebens, die das Meer bewahrt, schön wie der Schatten, der die Augen umzieht, oder wie Lockengewirr.« In der Bretagne stellte er Vergleiche zwischen der Bucht von Concarneau und dem Genfer See an, zwischen dem Meer und den Bergen. Die Wellen des sturmgepeitschten Meeres beschwören Bilder von gleißenden Gletschern herauf. Nun, da er sich am Genfer See aufhält, »sieht er das Meer von ehedem, er erkennt seinen Reiz, da er es erneut vor sich hat« *(Jean Santeuil).*

Prousts Gesundheitszustand verschlechtert sich. Als er gemeinsam mit Constantin de Brancovan und Abel Hermant eine Spazierfahrt mit dem Automobil nach Coppet unternehmen möchte, wo Freunde wohnen, der Graf und die Gräfin d'Haussonville (zu deren Vorfahren Germaine de Staël zählt), ist er gezwungen, seine Pläne aus gesundheitlichen Gründen zu ändern. In einem Brief an seine Mutter schreibt er: »Um mich nicht zu lange dem zu starken Luftzug auszusetzen, kamen wir überein, daß ich mit

VORHERGEHENDE SEITE: »Ich machte mich auf, um die kleine Lokalbahn zu benutzen; durch Albertine und ihre Freundinnen hatte ich alle ihre in der Gegend üblichen Beinamen erlernt: man nannte sie bald ›Blindschleiche‹ oder ›Bimmelbahn‹, weil sie trotz unzähliger Schlangenbewegungen nicht recht vorwärts kam, bald ›Ozeandampfer‹, wegen einer furchtbaren Sirene, die sie betätigte, damit die Spaziergänger sich in acht nähmen (…).«

(Sodom und Gomorra)

der Eisenbahn nach Genf fahren sollte, wo wir uns wieder trafen (…). Von Genf fuhr ich im Automobil nach Coppet.« Und der Rückweg? »Da es bei unserer Ankunft in Genf kühler wurde und Wind aufkam, dachte ich, daß die Autofahrt von Genf nach Évian vielleicht zu einer Krise führen könnte, und verließ sie in Genf, wo ich zu Abend aß und dann den Zug nahm.« Er bringt auch zum Ausdruck, wie sehr es ihn schmerzt, nicht ernst genommen, ja für einen Hypochonder gehalten zu werden, während es für ihn eine immense Belastung darstellt, sich ständig abkapseln zu müssen, um sich durch das Räuchern Erleichterung zu verschaffen. »Und bei dieser Gelegenheit«, fährt er fort, »da sie mich im Automobil zurückbringen wollten, sagte Constantin, ich würde mir nur einbilden, daß mir die frische Luft nicht bekäme, denn Papa erzähle jedermann, daß mir nichts fehle und mein Asthma auf reiner Einbildung beruhe. Morgens nach dem Aufwachen merke ich hier nur zu gut, daß es Wirklichkeit ist« (Brief vom 22. September 1899, *Briefwechsel mit der Mutter*).

Im Sommer 1903 folgt Proust seinen Eltern ein weiteres Mal nach Évian. Der Kurort hat sich auf die steigenden Besucherzahlen eingestellt und seine Einrichtungen modernisiert. Eine besondere Attraktion ist das neue Thermalbad mit einer dreißig Meter hohen Kuppel, Buntglasfenstern und Wandmalereien. Außerdem ist die von Jean-Albert Hébrard entworfene Trinkhalle der Cachatquelle, ein Jugendstilbau, eingeweiht worden. Es gibt auch eine Reihe neuer Villen, ebenfalls Jugendstilbauten. Proust besucht seinen Freund Pierre de Chevilly in Montjoux. Auf der Terrasse unmittelbar am Wasser unterhalten sich Marcel, Pierre und Marie über Literatur. Clément kommt zum Nachmittagstee. Clément de Nicod de Neuvecelles, Graf de Maugny, zählt zu Prousts engsten Freunden. Im Mai 1902 hat er in Nizza Margarethe Busse, genannt Rita, geheiratet. Das düstere Château de Maugny, eine befestigte Burg aus dem 15. Jahrhundert oberhalb von Thonon, liegt eingebettet in das »Smaragdgrün eines bewundernswerten Landes«, wie Proust es einmal in einem Brief an Rita de Maugny formulierte. Nichtsdestoweniger vergleicht er es mit dem verfallenen Schloß von Kapitän Fracasse, jenem von Théophile Gautier geschaffenen Romanhelden, den er als Kind verehrte. Im Erdgeschoß befinden sich ein kleiner Salon mit einer Glastür zum Garten hin, ein Musikzimmer, dessen Wände mit dunkelrotem Stoff bespannt sind, und die Bibliothek mit Ritas Schreibtisch. Rustikale savoyische Möbel stehen neben gobelinbezogenen Louis-Philippe-Sesseln und Konsoltischchen, auf

RECHTS OBEN: Das Château de Lauzenette. Es wurde um 1860 vom Vater Clément de Maugnys erbaut.

RECHTS UNTEN: Clément de Maugny. Seine Frau Rita, eine Tiernärrin, war imstande, mit einer Blindschleiche als Armband auf einer Soiree zu erscheinen.

deren Marmorplatten alte Bücher liegen. Da die Zimmer dunkel und im Winter unangenehm feucht sind, hat Cléments Vater in dem etwas tiefer gelegenen Lauzenette ein neues, behaglicheres Schloß bauen lassen.

Im Turm hat sich Rita, die einer deutsch-polnischen Verbindung entstammt, ein Atelier eingerichtet, das sie Besuchern gerne zeigt. Das Spezialgebiet der Malerin und Zeichnerin sind politische Karikaturen. Clément de Maugny bittet Proust, ihm bei der Suche nach einem Verleger für die Arbeiten seiner Frau behilflich zu sein. Als ein Schweizer Verlag Ritas Karikaturen herausbringt, schreibt Proust das Vorwort dazu. »Wie viele Abende verbrachten wir in Savoyen damit, den Montblanc zu betrachten und zuzusehen, wie er im Schein der untergehenden Sonne für kurze Augenblicke zu einem Mont-Rose wurde, bevor die Dunkelheit sich vollends über ihn senkte«, erinnert Proust sich später in einem Brief an Rita de Maugny. »Dann hieß es an den Genfer See zurückkehren und kurz vor Thonon in einen braven kleinen Zug steigen, der geduldig wartete, bis auch der letzte Nachzügler eingetroffen war, und selbst dann, wenn er sich bereits in Bewegung gesetzt hatte, auf ein Winken hin noch einmal anhielt, um jene, die ihm

Das Château de Maugny oberhalb von Thonon. Das Türmchen links und der angrenzende Gebäudeteil sind erst nach Prousts Tod, nämlich 1931, von dem Architekten Jean Novarine erbaut worden. Proust liebte den Blick aus dem Salon auf den Trompetenbaum, der früher hier stand.

OBEN LINKS: Buntglasfenster im Treppenhaus des Splendide. Das Hotel ist 1978 abgerissen worden.

OBEN RECHTS: Marcel Proust 1905 vor dem Splendide in Évian

SEITE 67: Der Sonnenuntergang am Genfer See erinnert an die abendliche Küste eines unbewegten Meeres.

schnaufend wie er selbst hinterherrannten, aufzunehmen.« Diese kleine Lokalbahn bringt die Gäste der Verdurins in *Auf der Suche nach der verlorenen Zeit* vom Grand-Hôtel in Balbec nach Doville.

Vom Genfer See fährt Proust weiter nach Chamonix, wo sich Louisa de Mornand und ihr Geliebter Louis d'Albufera aufhalten. Auf Maultieren reiten sie nach Montanvert, ja sogar bis zum Mer de Glace, einem Gletscher des Montblanc. Für Proust ist das eine außergewöhnliche Leistung, die er sich zu Ehren eines Mannes abnötigt, dem seit geraumer Zeit sein besonderes Interesse gilt: Die Rede ist von John Ruskin, einem englischen Kunstkritiker, der den Anblick dieses Bergmassivs einen der bewegendsten Momente seines Lebens nannte.

Im November 1903 stirbt Doktor Adrien Proust an den Folgen einer Gehirnblutung. Im selben Monat wird Marcels Bruder Robert Vater einer Tochter. 1905 begleitet Marcel Proust seine Mutter noch einmal ins Splendide. Doch der Aufenthalt wird für ihn zum »Leidensweg von Évian«, wie er später an Geneviève Straus schrieb. Kaum angekommen, klagt Jeanne Proust über starke Übelkeit. Robert wird verständigt; er kommt und begleitet die Mutter zurück nach Paris, während Marcel, dessen Gesundheitszustand sich dramatisch verschlechtert hat, sich erst einmal erholen muß, bevor er selbst die Heimreise antreten kann. Jeanne Proust stirbt am 26. September im Alter von 56 Jahren. Ihr Tod ist ein unersetzlicher Verlust für Marcel. Er empfindet grenzenlose Trauer, obgleich ihre Beziehung nicht frei von Konflikten war. Noch vor nicht allzulanger Zeit (im Spätherbst 1902) beschwerte er sich einmal in einem Brief an sie: »Die Wahrheit ist, daß Du, sobald ich mich wohlbefinde, alles zerstörst, bis es mir abermals schlechtgeht, weil das Leben, das mir Besserung verschafft, Dich aufreizt.« Ein Jahr später bekannte er jedoch: »Denn lieber will ich Anfälle haben und Dir gefallen, als Dir mißfallen und keine haben.« *(Briefwechsel mit der Mutter)* Marcel Proust kehrte nie wieder nach Évian zurück.

Auf den Spuren von John Ruskin

Es gibt keine bessere Art, sich bewußt zu werden, was man selbst empfindet, als den Versuch, in sich nachzuschaffen, was ein Meister empfunden hat. In einer solchen tiefgreifenden Bemühung ist es unser eigenes Denken, das wir gemeinsam mit dem seinen zutage fördern. (Nachgeahmtes und Vermischtes)

Während seines Aufenthalts in Évian im Spätsommer und Herbst 1899 bittet Marcel Proust seine Mutter, ihm ein Buch aus seiner Bibliothek zu Hause in Paris nachzuschicken, und zwar das 1897 erschienene *Ruskin et la religion de la beauté* (Ruskin und die Religion der Schönheit) des Kritikers Robert de la Sizeranne, »damit (er) die Berge mit den Augen dieses großen Mannes sehen kann« (Brief vom 2. Oktober 1899, *Briefwechsel mit der Mutter*). Zusammen mit Clément de Maugny begibt er sich auf Spurensuche. Zurück in Paris, läßt er sich von seiner Mutter ein Kapitel aus Ruskins *The Seven Lamps of Architecture* (Die sieben Leuchter der Baukunst) übersetzen und beschließt, sich eingehender mit den Werken des englischen Kunstkritikers zu befassen. Dessen Theorie, daß das Aussehen der Dinge nur insofern von Bedeutung ist, als es ihr tieferes Wesen enthüllt, begeistert den jungen Proust. Ruskin, so erkennt er, hat die besondere Gabe, das Schöne in allen, selbst den gebräuchlichsten Gegenständen zu entdecken, vor allem aber das Schöne in jenen Dingen zu sehen, die der Mensch mit eigenen Händen geschaffen hat.

OBEN: Marcel Proust um das Jahr 1905

SEITE 68: Die Kathedrale von Amiens

RECHTS: John Ruskin (1819–1900). »Ruskin ist gestorben, nachdem er, wie es heißt, unter einer Art Geisteskrankheit litt; denn es ist ein Charakteristikum unserer Zeit, daß ihre ›Weisen‹ alle mehr oder weniger geistesgestört waren (...).«
(Essays, Chroniken und andere Schriften)

SEITE 71: Die Kathedrale von Amiens. »(Als) das Südportal vor mir auftauchte, sah ich links, an der von Ruskin angegebenen Stelle, die Bettler vor mir, von denen er spricht, so alt übrigens, daß es noch dieselben sein mochten.«
(Nachgeahmtes und Vermischtes)

Der 1819 in London geborene Ruskin war der Sohn eines begüterten Weinhändlers. Als Dichter, Essayist und Inhaber eines Lehrstuhls für Kunstgeschichte und Ästhetizismus an der Universität Oxford wurde er durch seine Werke über Ästhetik weit über die Grenzen Großbritanniens hinaus bekannt. Zahlreiche Reisen führten ihn nach Italien, insbesondere nach Venedig, wo er die wichtigsten Baudenkmäler fotografierte und beschrieb. Einen Namen machte sich Ruskin aber auch als Sozialreformer und Philanthrop: Er stellte Geldmittel für den Bau von Arbeiterwohnungen zur Verfügung, ließ auf seine Kosten die Straßen im Londoner East End reinigen, bekämpfte den Alkoholismus unter anderem, indem er eine Teestube einrichtete, und er gründete eine Landwirtschaftskommune. Er trug zur Entstehung der Arbeiterbewegung bei, aus der schließlich die Labour Party hervorging. Seine ästhetischen Betrachtungen gingen der Gründung des Arts and Crafts Movement voraus, einer Bewegung, deren Ziel es war, die Kunst in den Alltag und das Leben breiter Schichten zu integrieren.

Ruskins Theorien haben nicht nur Künstler bis ins 20. Jahrhundert hinein beeinflußt (zum Beispiel den amerikanischen Architekten Frank Lloyd Wright und seinen französisch-schweizerischen Kollegen Le Corbusier mit seiner Vorliebe für klare Formen und die Integration von Gebäuden in ihre Umgebung), sondern auch so unterschiedliche Persönlichkeiten wie den englischen Dichter, Maler, Kunsthandwerker und Sozialpolitiker William Morris, den Schriftsteller Marcel Proust und den indischen Politiker Mahatma Gandhi, der Ruskins polemische Schrift gegen den Kapitalismus in seine Muttersprache Gujarati übersetzte und sich für den Rest seines Lebens an dessen Prinzipien von der Unterordnung des einzelnen unter das Wohl des Ganzen orientierte. Im privaten Bereich verlief Ruskins Leben weniger erfolgreich. Bereits als junger Mann litt er an Depressionen. Seine Beziehungen zu Frauen scheiterten. Der »Weise von Brantwood«, wie er genannt wurde, zog sich in sein Haus im Lake District im Nordwesten Englands zurück. Dort starb er im Januar 1900 in geistiger Umnachtung an der spanischen Grippe.

Proust entdeckt Ruskin, als zwischen 1893 und 1903 Auszüge seines Werkes in französischer Übersetzung in der in kleiner Auflage erscheinenden Zeitschrift *Le Bulletin de l'Union pour l'action morale* veröffentlicht werden. Herausgeber ist Paul Desjardins, dessen Vorlesungen Proust an der juristischen Fakultät besucht hat. Ruskins *The Crown of Wild Olive* (Ein Kranz aus Olivenzweigen) und *The Seven Lamps of Architecture* (Die sieben Leuchter der Baukunst) werden 1899 ins Französische übertragen. In Frankreich findet der Kunstkritiker trotz seines Buches über die Kathedrale von Amiens kaum Beachtung. Douglas Ainslie, ein Freund von Robert de Billy, hatte diesem von Brantwood und dem Mann, der in völliger Abgeschiedenheit dort lebt, erzählt. Seit de Billy das Werk des Historikers Émile Mâle *L'Art religieux du XIIIe siècle en France* (Die religiöse Kunst des 13. Jahrhunderts in Frankreich) gelesen hat, interessiert er sich für romanische Kirchen. Proust leiht sich das Buch und unterhält sich mit dem Freund auch über John Ruskin. Dessen Ansichten über Architektur begeistern beide. Ruskin befaßt sich überwiegend mit der christlichen Baukunst des Mittelalters, dessen Skulpturen und Kathedralen er als Kunst in höchster

Vollendung betrachtet. Im Dezember 1896 macht Proust im Salon von Reynaldo Hahns Mutter die Bekanntschaft einer jungen Frau namens Marie Nordlinger. Die gebürtige Engländerin ist eine Cousine Reynaldos. Sie hat in ihrer Heimatstadt Manchester die Kunstakademie besucht und will nun in Frankreich ihr Studium fortsetzen. Rasch bildet sich eine Gruppe: Reynaldo, seine Schwestern sowie Marie und Marcel; eine lebhafte Diskussion über Kunst kommt in Gang. Hin und wieder setzt sich Reynaldo an den Flügel und trägt seine Chansons vor. Die künstlerisch begabte Marie arbeitet als Ziseliererin im Atelier von Siegfried Bing in der Rue de Provence 22. Bing, ein Kunstsammler, bringt als erster asiatische Kunst nach Frankreich. Marie hat die Kathedrale von Amiens mit Ruskins Werk *The Bible of Amiens* (Die Bibel von Amiens) in der Hand besichtigt. Das Buch sollte ursprünglich das erste einer zehnbändigen Reihe über Kathedralen sein. Sie übersetzt Proust ein paar Seiten daraus. Er ist so angetan, daß er sich eingehender mit Ruskin befassen möchte, und beschließt, den zwischen 1880 und 1886 entstandenen Titel *The Bible of Amiens* zu übersetzen. Da er kein Englisch spricht (einige Leute werden es sich nicht versagen können, ihm dies zum Vorwurf zu machen), ist er auf die Hilfe seiner Mutter und Maries angewiesen. Vier Jahre lang wird er auf eine für ihn völlig untypische Weise arbeiten: Jeanne Proust schreibt einen ersten Entwurf nieder, den Marcel dann mit Marie Nordlinger, aber auch mit Robert d'Humières, dem Übersetzer Rudyard Kiplings, bespricht. Seine Kenntnisse sowohl der Bücher über die Kathedralen wie auch anderer Werke Ruskins ermöglichen es Proust, den tieferen Sinn des Buches zu erfassen. Er arbeitet mit einer unglaublichen Gewissenhaftigkeit, die ergänzt wird durch seine Intuition. Obgleich seine Gesundheit stark angegriffen ist, kann er die Übersetzung im Dezember 1901 einem Verlag unterbreiten. Das Vorwort setzt sich aus einer Reihe von Artikeln über Ruskin, die er wenige Monate zuvor veröffentlichte, zusammen. *La Bible d'Amiens* wird jedoch erst 1904 erscheinen, mit einer Einleitung, in der er seine eigenen Theorien über die Ästhetik darlegt. Im selben Jahr beginnt er, abermals mit Marie Nordlingers Unterstützung, die Übersetzung eines weiteren Titels von Ruskin, *Sesame and Lilies* (Sesam und Lilien).

Die Arbeit an Ruskins Büchern weckt in Proust den Wunsch, sich auf Spurensuche an die Orte zu begeben, die der Kunstkritiker besichtigt hat. 1899, während er das Vorwort zu *La Bible d'Amiens* vorbereitet, unternimmt er einen Ausflug nach Amiens. Ruskin schlägt mehrere Routen vor, je nachdem, wieviel Zeit der Besucher mitbringt. Eine Empfehlung, der Proust folgen wird, lautet, den Anblick der Kathedrale aus der Ferne und im Wandel des Tageslichts auf sich wirken zu lassen. Ausgangspunkt ist der Bahnhof. Es ist ein herrlicher Tag: »(...) ich war in der Stunde angekommen, zu der in jener Jahreszeit die Sonne der einst vergoldeten Jungfrau ihren täglichen Besuch abstattet. (...) Wie sie nun einmal ist mit ihrem besonderen Lächeln, wie liebe ich die Goldene Jungfrau mit ihrem Lächeln einer himmlischen Hausherrin; wie liebe ich ihren Empfang an diesem Kathedralenportal, in ihrem exquisiten und schlichten Weißdornschmuck.« Als er die Kathedrale durch das südliche Portal betritt, erblickt er die Rosette gegenüber, die »›erlesen und prächtig‹« ist; die Pfeiler des Querschiffs und des Chors vermitteln einen Eindruck von der Höhe der Apsis; die Holzschnitzerei an den 120 Chorstühlen, die in den Jahren von 1508 bis 1522 entstanden, scheint »›unter der Hand des Schnitzers wie Ton modelliert zu sein, wie Seide gefaltet, wie lebendige Zweige gewachsen, wie lebendige Flamme gelodert zu haben‹«. Er geht weiter zum Westportal, jenem Ort, den Ruskin als die »Bibel von Amiens« bezeichnet: »Das Portal von Amiens ist nicht bloß in (einer) unbestimmten Bedeutung ein steinernes Buch, eine steinerne Bibel: es ist ›Die Bibel‹ in Stein. (...) Wenn Sie sehen, wie dies monumentale und filigrane Gewimmel von steinernen Gestalten in Menschengröße zum Himmel ansteigt, mit ihrem Kreuz, ihrer Schriftrolle oder ihrem Szepter in der Hand, diese Welt von Heiligen, diese Generationen von Propheten, diese Folge von Aposteln, dieses Volk von Königen, dieser Aufmarsch von Sündern, diese Versammlung von Richtern, dieser Schwarm von Engeln, die einen neben den anderen, die einen über den anderen, aufrecht neben der Tür, die Stadt von oben aus Nischen oder vom Rand der Galerien her betrachtend oder die Blicke der Menschen nur noch unklar und geblendet empfangend, am Ansatz der Türme und im Ausströmen des Glockengeläuts, dann werden Sie gewiß an der Intensität Ihrer Empfindung spüren, daß dies etwas Großes ist, dieses gigantische, reglose und leidenschaftliche Aufsteigen.« *(Nachgeahmtes und Vermischtes)*

Ruskin beschrieb die Kathedralen nicht nur, er zeichnete sie auch, die Innen- ebenso wie die Außenansicht, letztere meist aus der Ferne, weil ihm daran lag, den Sakralbau in seine Umgebung integriert darzustellen. Die

SEITE 72 LINKS: Die Wallfahrten zu den Kathedralen liefern Proust eine Reihe von Schlüsseln zu den Orten in seinem Werk. »Lieber Freund, es gibt keine Schlüssel für die Personen dieses Buchs; oder doch, es gibt acht oder zehn für eine einzige; ebenso für die Kirche von Combray; meine Erinnerung hat mir viele Kirchen als ›Modelle‹ angeboten (hat sie mir sitzen lassen).« *(Essays, Chroniken und andere Schriften)*

SEITE 72 RECHTS: Der Muttergottes am Portal einer Kathedrale hat Proust seit jeher ein besonderes Interesse entgegengebracht. Aufgrund von Besichtigungen und der Lektüre von Émile Mâle kennt er die Skulpturen der bedeutendsten französischen Kathedralen sehr genau.

LINKS: Das Porträt von Marie Nordlinger fertigte Frederic »Coco« de Madrazo an, ein Freund Prousts und angeheirateter Verwandter Reynaldo Hahns.

Kathedrale von Amiens hat er an die Ufer der Somme gerückt, denn der Zauber der Landschaft ringsum war ihm nicht weniger wichtig als das von Augenblick zu Augenblick wechselnde Licht. Proust behauptete, niemand habe es so wie er verstanden, die Erhabenheit der französischen Kathedralen in Beziehung zu setzen zu der Anmut der Stätte, an welcher sie erbaut wurden.

Als Ruskin am 20. Januar 1900 im Alter von 81 Jahren stirbt, beschließt Proust, seine Wallfahrten zu den Kathedralen auszudehnen. Die Orte zu besuchen, die Ruskin als Quelle der Inspiration dienten, scheint ihm sinnvoller, als in stillem Gedenken an seinem Grab zu verharren. »Tausende von Gläubigen werden nach Coniston gehen, um vor einem Grab zu beten, wo nichts als der Körper von Ruskin ruhen wird: ich schlage seinen Freunden aus Frankreich vor, die ›Heldenverehrung‹ anders zu feiern, nämlich im Geiste und in Wahrheit, durch Wallfahrten an die Orte, die seine Seele wahren (...) und die ihm die ihre anvertrauten, damit er sie durch seine Bücher ziehen lasse und unsterblich mache.« *(Essays, Chroniken und andere Schriften)*

Gemeinsam mit Freunden, dem Ehepaar Yeatman (Léon ist Anwalt, seine Frau Madeleine Bildhauerin), fährt er nach Rouen, »als gehorchte (er) einem testamentarischen Gedanken«, wie er später sagt. Ruskin hat sich ein halbes Jahr dort aufgehalten, um die Kathedrale zu studieren. Proust interessiert sich besonders für eine »kleine Figur, einige Zentimeter groß, verloren unter Hunderten winzigen Figuren«, von der Ruskin in *The Seven Lamps of Architecture* spricht. Besagte Figur befindet sich am sogenannten Buchhändler-Portal, das seinen Namen den Buchhändlern verdankt, die früher hier ihre Bücher feilboten. Das aus dem späten 13. Jahrhundert stammende Portal, im Halbdunkel eines Hofs an der Nordfassade gelegen, ist mit Szenen aus der Schöpfungsgeschichte und allegorischen Darstellungen der Laster und der Tugenden verziert. Die Skulptur, die sich Proust anschauen möchte, ist eine kleine, liegende Figur, die ihre Hand gegen die Wange gepreßt hält. Aber als er vor dem Portal steht, wird ihm schwindlig beim Anblick all der Heiligen und der Könige: Wie soll er »in diesem übermenschlichen Volk eine Figur von wenigen Zentimetern« finden? »Plötzlich sagte Madame L. Yeatman, eine junge Bildhauerin mit Bega-

SEITE 74: Fachwerkhaus in Rouen

LINKS: »(...) Rouen, wo die Kathedrale zwischen den Häusern erscheint und sich die Spitze ihres Turms sowie ihre kraftvoll gerippte Fassade von den flachen Dächern und den kompakten Hausmauern abhebt (...).«

(Essays, Chroniken und andere Schriften)

RECHTS: »(…) jenes Venedig, in dem das Alltagsleben nicht weniger wirklich als in Combray war: wie in Combray am Sonntagmorgen hatte man das Vergnügen, auf eine festliche Straße sich hinauszubegeben, aber diese Straße bestand ganz und gar aus einer saphirenen, von einem lauen Lufthauch erfrischten Wasserfläche von so intensiver Färbung, daß meine ermüdeten Augen zu ihrer Entspannung und ohne Furcht, sie könne sich unter ihnen verflüchtigen, gern lange auf ihr ruhten.«

(Die Entflohene)

SEITE 77: »(…) ich kenne nichts Rührenderes als die kleinen Rios.«

(Sodom und Gomorra)

bung und Zukunft: ›Da ist eine, die ihm ähnlich sieht.‹ Wir senkten unseren Blick ein wenig, und … da ist sie. Sie mißt nicht einmal zehn Zentimeter. Sie ist verwittert, aber dennoch ist ihr Blick noch da, der Stein hat das Loch bewahrt, das die Pupille ausmacht und ihr jenen Ausdruck vermittelt, an dem ich sie erkennen konnte. Hier hat der seit Jahrhunderten tote Künstler sie hinterlassen, zwischen Tausenden anderen, diese kleine Person, die jeden Tag ein bißchen stirbt und die seit langem tot war, verloren in der Masse der anderen, für immer.« Doch dann kommt ein Besucher vorbei und erweckt sie zu neuem Leben: »Ich war bewegt, als ich sie dort wiederfand; es stirbt also nichts von dem, was gelebt hat, der Gedanke des Bildhauers so wenig wie der Gedanke von Ruskin.« *(Nachgeahmtes und Vermischtes)* Die kleine Figur in etwa zwei Metern Höhe ist stark verwittert und heute nur noch sehr schwer zu erkennen: Man findet sie bei der Darstellung des Jüngsten Gerichts im Tympanon.

Nach der Kathedrale besichtigen die Freunde die Kirchen Saint-Maclou und Saint-Ouen. Der Zufall will es – und dies versetzt ihn in zusätzliches Entzücken –, daß Proust dem Küster Julien Édouard begegnet, der Ruskin persönlich kannte. »Hier nun aber, in dieser kleinen Stadt, in die der Zufall mich führte, gibt es in dem für einige Jahre noch klaren Gedächtnis dieses schon alten Küsters etwas von Ruskin, das geblieben ist, etwas von seinem wirklichen Leben, das er neben diesem Küster für sich selbst lebte.« *(Jean Santeuil)*

Ein weiteres Buch hat Ruskin der Lagunenstadt Venedig gewidmet: *The Stones of Venice* (Die Steine von Venedig). Darin faßt er noch einmal alle seine Ansichten und Theorien zur Kunst des Mittelalters zusammen: Die religiöse Baukunst und die weltliche Baukunst ergänzen einander. Als Proust im Mai 1900 gemeinsam mit seiner Mutter nach Italien fährt, hat er die Ruskinschen Werke *The Stones of Venice,* geschrieben 1851, und *Saint Mark's Rest* (Die Ruhestätte des heiligen Markus) im Gepäck; beide Bücher liegen zu diesem Zeitpunkt noch nicht auf französisch vor. Venedig hat auch schon andere Literaten, die Proust sehr schätzt, inspiriert: Alfred de Musset, Théophile Gautier, der im selben Hotel gewohnt hat, in dem auch die Prousts absteigen, sowie Edmond und Jules de Goncourt. Die Bilder, die Marcel Proust im Kopf hat, als er in der Lagunenstadt eintrifft, sind also recht unterschiedlich.

Die Bahnfahrt dauert 22 Stunden. Marcel und Jeanne Proust steigen im Hotel Europa, nach dem Danieli das zweite Haus am Platz, im Palazzo Giustinian ab, einem gotischen Bau aus dem 15. Jahrhundert. Proust geht es so schlecht, daß er sich dem Tode nahe wähnt. In der Einleitung zu seiner Übersetzung von *The Bible of Amiens* schreibt er rückblickend: »… ich (hielt) meine Tage für gezählt; ich reiste nach Venedig, um vor dem Sterben in den verfallenden, aber noch stehenden und rosafarbenen Palästen den Vorstellungen Ruskins über die Wohnarchitektur des Mittelalters nahezukommen, sie zu berühren und verkörpert zu sehen.« *(Nachgeahmtes und Vermischtes)* Dennoch geht mit dieser Reise ein Herzenswunsch in Erfüllung. Proust kann es selbst kaum glauben, daß aus

RECHTS: »(...) und die Bronzerosse am Balkon der Markuskirche! Deine Großmutter hätte mit ebenso großem Vergnügen die Sonne auf dem Dogenpalast untergehen sehen wie hinter einem Gebirge!« *(Die Entflohene)*

SEITE 79: Das berühmte Caffè Florian in Venedig

FOLGENDE DOPPELSEITE: »Meist begab ich mich nach San Marco, und zwar mit um so größerem Vergnügen, als, da man erst eine Gondel nehmen mußte, um dorthin zu gelangen, die Kirche sich mir nicht als ein einfaches Bauwerk darstellte, sondern als das Ziel einer Fahrt über die frühlingshafte Meeresflut, mit der die Markuskirche für mich ein lebendiges, untrennbares Ganzes bildete.« *(Die Entflohene)*

seinem Traum eine Anschrift geworden ist, wie er Geneviève Straus später schreiben wird. Als er, von einem Spaziergang kommend, an der Fassade des Palazzo hinaufschaut und mit den Augen seine Mutter sucht, die am Fenster steht und auf ihn wartet, entdeckt er staunend, daß der »halb arabische Spitzbogen (...) unter den Gipsabdrücken fast aller Museen und in allen illustrierten Kunstbüchern zu finden ist als eines der Meisterwerke der mittelalterlichen Profanarchitektur« *(Auf der Suche nach der verlorenen Zeit. Die Entflohene)*.

Während Jeanne Proust oft im Hotel bleibt und liest, trifft sich ihr Sohn mit Marie Nordlinger und Reynaldo Hahn. Die beiden wohnen bei Reynaldos Schwester Maria, die unlängst Raymond de Madrazo, den Schwager des berühmten Modeschöpfers Mariano Fortuny y Madrazo, geheiratet hat. Drei Wochen lang begeben sich die Freunde auf Spurensuche, sei es zu Fuß oder in einer Gondel: »Aber nun wird man mit (Ruskins Werk *The Stones of Venice*) in der Hand bei allen Kirchen und all jenen herrlichen, rosafarbenen, halb aus dem Wasser ragenden und halb darin versinkenden Wohnstätten anlegen müssen, jedes Kapitell studieren, eine Leiter erbitten, um ein Relief zu erkennen, auf dessen Bedeutung Ruskin uns hinweist und das wir ohne ihn nie wahrgenommen hätten.« *(Essays, Chroniken und andere Schriften)*

Ruskin hat zwischen 1849 und 1852 mehrere längere Reisen nach Venedig unternommen. Anfangs wohnt er in der kleinen, zur Insel La Giudecca hin liegenden Familienpension La Calcina unweit der Kirche dei Gesuati und des Rio San Vio; dort schreibt er einen Teil von *The Stones of Venice*. Später steigt er im Gritti Palace Hotel ab, einem Haus der gehobenen Klasse mit herrlichem Blick auf den Canal Grande und die Kirche Santa Maria della Salute. Bei einem weiteren Aufenthalt 1875 kopiert er Carpaccios Gemälde *Der Traum der heiligen Ursula*, weil es ihn an Rose La Touche, die junge Frau, die er liebt, erinnert. Marcel Proust und seine Freunde besichtigen die Kirchen, die Ruskin beschreibt, die Palazzi, »über deren architravgeschmückter Tür der Kopf eines bärtigen Gottes (...) die Wirkung erzielte, durch seinen Reflex nicht dem Erdbraun des Bodens, sondern dem leuchtenden Blau des Wassers eine dunklere Tönung mitzuteilen«. Sie bewundern Carpaccios Szenen aus dem Leben des heiligen Hieronymus in der Scuola di San Giorgio degli Schiavoni, schlendern durch die schmalen Gassen, die sich an den Kanälen entlangziehen, bis sie in ärmere Viertel gelangen, in denen der Glanz der Stadt fast verblaßt ist und wo sie »Frauen aus dem Volke« antreffen, »solche die mit Streichhölzern handelten oder Perlen aufzogen, Glas- und Spitzenarbeiterinnen, kleine Modistinnen«. In einer Gondel fahren die Freunde den Canal Grande hinauf; andere Gondeln kommen ihnen entgegen, und sie sehen »die elegantesten Frauen, (...) die weich in die Kissen ihrer schwimmenden Equipagen zurückgelehnt, sich in einer Art von Korso vorwärts bewegten und an einem Palazzo haltmachten«, um eine Freundin zu besuchen. Zum Mittagessen treffen sie sich mit Jeanne Proust im Hotel; anschließend gehen sie ins Caffè Florian (ehemals Alla Venezia Trionfante) mit seinen hinter gotischen Fenstern unter den Kleeblattbogen zugezogenen Vorhängen und essen ein Eis, während im Hintergrund ein Orchester spielt. Am Nachmittag besuchen sie abermals ein Museum, um sich Carpaccios Werke anzusehen, wobei Proust besonders von den neun Bildern aus der Legende der heiligen Ursula fasziniert ist. Carpaccio und seinen Gemälden wird er in *Auf der Suche nach der verlorenen Zeit* einige Seiten widmen. Den Abend lassen sie im Caffè Quadri am Markusplatz ausklingen und beschließen ihn in einer Gondel auf der Lagune, wo Reynaldo Hahn sie mit Chansons unterhält, darunter das von Gounod vertonte *Dans Venise la Rouge, Pas un bateau qui bouge* von Musset. Manchmal geht Proust des Abends allein in dem »vom Orient überfluteten Venedig« spazieren, wo er sich wie »eine Person aus ›Tausendundeine Nacht‹« fühlt. Er liebt es, bevor er im Mondlicht zum Canal Grande zurückkehrt, sich im

Marcel Proust in Venedig: »(...) ich ließ mir auf der Terrasse mit dem Blick auf den Kanal eine Erfrischung bringen und schaute dem Sonnenuntergang zu, während von einer Gondel aus, die dem Hotel gegenüber hielt, ein Musikant ›O Sole mio‹ sang.«
(Die Entflohene)

Gewirr der Gassen zu verlieren, wo er jedesmal »etwas Neues (fand), das auf (seiner) einen oder anderen Seite sich erhob, ein kleines Bauwerk oder einen unerwarteten ›Campo‹« *(Auf der Suche nach der verlorenen Zeit. Die Entflohene)*.

Im Mittelpunkt seines Interesses aber steht fraglos die Markuskirche. Später sollte sich Proust bei Sonnenschein oft an den goldenen Engel auf dem Campanile von San Marco erinnern (dieser Campanile wird am 14. Juli 1902 gegen zehn Uhr morgens zusammenstürzen und später, in unveränderter Form, wiederaufgebaut werden). Von seinem Zimmer aus kann Proust ihn sehen: Sein goldener Glanz gibt ihm Auskunft über den Stand der Sonne, so zuverlässig wie eine Sonnenuhr: »So sah ich (die Sonne) in

»Meine Gondel folgte den kleinen Kanälen; wie die geheimnisvolle Hand eines Genius, der mich in die entlegensten Winkel dieser Stadt des Orients geführt hätte, schienen sie mir, je weiter ich vordrang, einen Weg zu bahnen, der sich mitten in das Herz eines Viertels eingrub, das sie teilten, indem sie nur eben mit ihrer winzigen, willkürlich gezogenen Spur die hohen Häuser mit den kleinen maurischen Fenstern auseinanderschoben.« *(Die Entflohene)*

Der Kreuzgang des Klosters auf der Insel San Lazzaro. Auf Wunsch kann man einen Blick ins Gästebuch werfen, in das sich Marcel Proust am 19. Oktober 1900 während eines heimlichen Besuchs eingetragen hat.

Venedig, wenn man um zehn Uhr morgens mein Fenster öffnete und ich den goldenen Engel des Campaniles von San Marco in einem Sonnenlicht aufflammen sah, das es fast unmöglich machte, ihn zu betrachten, und der mit seinen ausgebreiteten Armen mir ein noch festeres Versprechen von Glanz und Freude verkündete, wenn ich in ein paar Minuten zur Piazza von San Marco hinabsteigen würde, als er es je den Menschen auf Erden, die guten Willens sind, gebracht hat.« *(Gegen Sainte-Beuve)* In der kühlen Kirche liest er *The Stones of Venice*, zeichnet, schreibt oder sieht die Korrekturfahnen seiner Übersetzung von *The Bible of Amiens* durch. Oft wird er von seiner Mutter oder von Marie Nordlinger begleitet. »Ich entsinne mich«, erzählt die Freundin später, »wie wir einmal vor einem Unwetter in der Kirche Schutz suchten und gemeinsam Passagen aus *The Stones of Venice* lasen, die der Schönheit des Ortes angemessen waren. Marcel war auf seltsame Weise bewegt, ja man könnte sagen: ekstatisch. (...) Venedig! Ein fruchtbarer Aufenthalt für den Autor von *Die wiedergefundene Zeit*, jede Minute war ein Genuß, schmerzlich zuweilen, aber befreiend für die empfindsame Seele, in der sich Leid in Schönheit verwandelte. Ein erstaunlicher Reisender, alles versetzt ihn in Erstaunen!« *(Bulletin de la Société des amis de Marcel Proust)*

Von Venedig folgen die Prousts Ruskins Spuren nach Padua, wo sie Giottos Fresken, welche die Tugenden und Laster darstellen, in der Kapelle der Madonna dell'Arena und jene von Mantegna in der Kirche degli Eremitani bewundern. Anschließend fahren sie nach Paris zurück. Im Gästebuch des Mechitharistenklosters auf der Insel San Lazzaro bei Venedig kann man jedoch unter dem Datum vom 19. Oktober 1900 den Eintrag Marcel Proust lesen. Proust muß also ein weiteres Mal nach Venedig gereist sein, allein. Was es mit diesem Klosterbesuch auf sich hatte, bleibt sein Geheimnis. Die Venedig-Reise hingegen fand Eingang in sein Werk, etwa in *Die Entflohene*. Der Band wird 27 Jahre nach seinen Rundgängen durch die Lagunenstadt und fünf Jahre nach seinem Tod erscheinen.

Adrien und Jeanne Proust sind in diesem Oktober 1900 vom Boulevard Malesherbes in die Rue de Courcelles umgezogen. Der Zustand ihres Sohnes verschlechtert sich mehr und mehr. Er verläßt kaum noch das Haus, geplante Ausflüge, zum Beispiel eine Spazierfahrt nach Laon mit Robert de Billy Ende August 1901, sagt er ab. Obwohl die heikle Zeit des Pollenflugs vorüber ist, erleidet er einen so schweren asthmatischen Anfall, daß er an keinem Tabakladen vorbeikommt, ohne sich seine antiasthmatischen Zigaretten zu kaufen. Es beginnt die Zeit, in der er seine Pläne immer wieder verwerfen oder ändern muß, weil er nie weiß, was die nächsten Tage für ihn bereithalten. Am 7. September 1901 fühlt er sich kräftig genug zu einem Ausflug nach Abbeville, wo Ruskin den Sonnenuntergang hinter den Türmen der Kathedrale Saint-Vulfran beobachtete. Léon Yeatman, der den Freund begleitet, fährt nach Boulogne weiter. Marcel arbeitet bis abends vor der Kirche. Dann setzt er sich in den Zug nach Amiens, von wo er nach einem Abendessen im Bahnhofsrestaurant nach Paris zurückkehrt.

Neue Bekanntschaften – viele davon hat er bei den Brancovans in Amphion am Genfer See geschlossen – erleichtern ihm seine Ruskin-Wallfahrten. Eine der wichtigsten Begegnungen ist die mit Antoine Bibesco. Der 1878 geborene Antoine, Sohn einer Cousine von Rachel de Brancovan, ist ein gutaussehender, intelligenter junger Mann, aber auch eine gewalttätige, schwatzhafte Verführernatur. Er ist Legationsrat seiner Heimat Rumänien in Paris, wo er bei seiner Mutter wohnt, in derselben Straße wie die Prousts. Marcel Proust verliebt sich in diesen – so in einem Brief an den Freund – »gewaltigen und bezaubernden Titanen«. Ihre stürmische Beziehung mit häufigen Auseinandersetzungen und ebensovielen Versöhnungen wird sich mit der Zeit zu einer echten Freundschaft wandeln. Antoine hat einen älteren Bruder, Emmanuel, ein sehr belesener Mann, dessen ganze Leidenschaft die Architektur ist. Durch die Brüder Bibesco lernt Proust Bertrand de Salignac-Fénelon kennen, einen eleganten, zurückhaltenden Mann mit auffallend blauen Augen, der ebenfalls im diplomatischen Dienst tätig ist, sowie den Grafen Georges de Lauris. Die Freunde, zu denen sich Robert de Billy gesellt, unternehmen mehrere Ausflüge im Automobil zu verschiedenen Kirchen, die sie interessieren. Antoine fotografiert, Emmanuel sucht nach geeigneten Perspektiven und gibt Erläuterungen zum Baustil.

Im Frühjahr 1902 fahren sie nach Provins, mit seinen Stadtmauern aus dem 11. und 12. Jahrhundert die mittelalterliche Stadt schlechthin. Sie besichtigen erst die acht Bildsäulen am Portal der Kirche Saint-Ayoul, die während der Revolution geköpft wurden, danach die Skulpturen am Portal von Saint-Loup-de-Naud, die Ähnlichkeit mit jenen an der Kathedrale von Chartres aufweisen sollen. Wer die Hauptstraße hinaufgeht, an der sich zu beiden Seiten der Ort entlangzieht, sieht schon bald die Kirche mit ihren Säulenstatuen. Im 10. Jahrhundert stand hier ein Benediktinerkloster. Die zentrale Skulptur des Portals stellt den heiligen Lupus dar, der der Kirche ihren Namen gab. Die mit Steinmetzarbeiten reichverzierten Pfeiler im Innern beeindrucken durch ihre Vielfalt.

Zum Schluß statten die Freunde dem Ort Donnemarie-Dontilly einen Besuch ab. Auch hier sind Zeugen mittelalterlicher Baukunst zu bewundern: die im 13. Jahrhundert erbaute Kirche Notre-Dame-de-la-Nativité mit einem Rundturm auf der einen und einem Kreuzgang auf der anderen Seite.

LINKS: Fürst Antoine Bibesco. Der leidenschaftliche Fotograf bringt seinem Freund und Vertrauten Proust immer wieder Aufnahmen von Kathedralen für seine Fotosammlung, wenn dieser ans Bett gefesselt ist.

UNTEN: Marcel Proust (im Hintergrund) und seine Freunde vor der Kirche in Saint-Leu-d'Esserent

Blick auf die Kirche Saint-Loup-de-Naud in Provins

Wenige Tage später, am Karfreitag, dem 28. März, brechen die jungen Leute zu einer großen Rundreise auf. Marcel Proust geht es sehr schlecht. »Ich bin durch Frankreich geschlendert, von der romanischen Vorhalle bis zur gotischen Apsis, mit brennender Neugier und einem Körper, der mehr und mehr schmerzt«, schreibt er einige Monate später an Marie Nordlinger. Um an jenem Karfreitag pünktlich zu sein, geht er gar nicht erst zu Bett. Unterwegs halten sie mehrmals an, damit Proust einen Milchkaffee trinken und sich stärken kann. Erste Station ist die auf einem Steilfelsen über der Oise erbaute Kirche von Saint-Leu-d'Esserent unweit von Chantilly. Ungewöhnlich an ihr sind ihre Glockentürme: Einer ist romanisch, die beiden anderen sind gotisch. Ihr nächstes Ziel ist Senlis. Vor der Kathedrale Notre-Dame läßt sich Proust von Emmanuel Bibesco über die besonderen Kennzeichen der Glockentürme der Île-de-France aufklären. Auch sind alle von der Krönungsszene der Muttergottes begeistert, die hier am Hauptportal erstmals in der Skulpturenkunst des Abendlandes eine bildhafte Darstellung gefunden hat. Anschließend fahren die Freunde nach Soissons weiter, wo sie die Kathedrale Saint-Gervais, die im schlichten Stil des 13. Jahrhunderts errichtete Kirche Saint-Protais und Saint-Jean-des-Vignes, die im Krieg teilweise von den Deutschen zerstört werden wird, besichtigen. In Laon interessiert sich Proust vor allem für den reichen Skulpturenschmuck der Kathedrale am Nordfenster der Westfassade und in der Rosette des nördlichen Querschiffs. Dargestellt sind die Freien Künste Philosophie, Astronomie, Geometrie, Arithmetik, Dialektik, Medizin. Das Hauptportal und das Portal mit der Geburt Christi sind mit Szenen aus dem Marienleben geschmückt. Der Rückweg

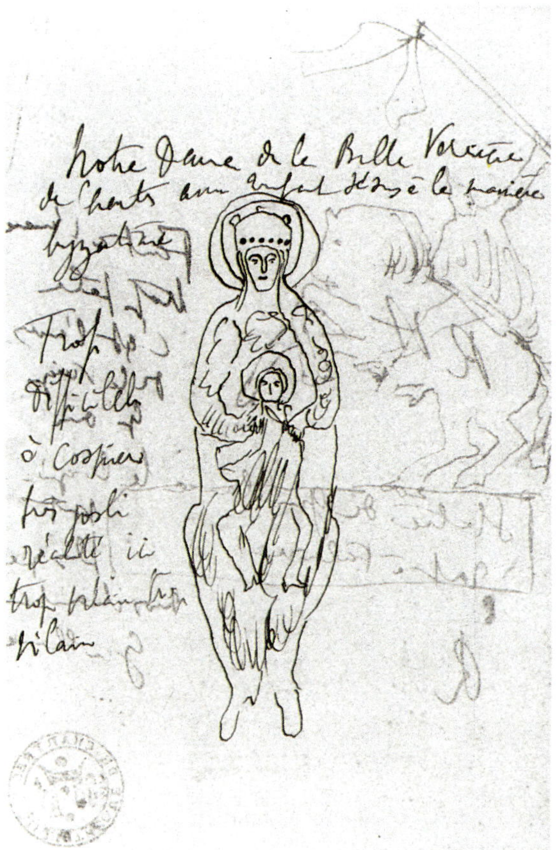

LINKS OBEN: »Notre-Dame de la Belle Verrière in Chartres mit dem Jesuskind im byzantinischen Stil, der viel zu schwer abzuzeichnen ist (…).« Seinen Briefen an Reynaldo Hahn fügt Proust oft Skizzen bei.

führt die Freunde nach Nouvion-le-Vineux, wo sie sich den dreistöckigen romanischen Kirchturm ansehen, und von dort nach Coucy-le-Château, wo sie die Wendeltreppe im 54 Meter hohen Bergfried des im 13. Jahrhundert erbauten Schlosses von Enguerrand III. hinaufsteigen. Marcel Proust habe es sich »trotz seiner Erschöpfung und seiner Atemnot nicht nehmen lassen, bis zur Aussichtsplattform des hohen Turms hinaufzusteigen«, erzählt Georges de Lauris später in einer Hommage an Proust, die 1923 in der *Nouvelle Revue Française* erschienen ist. »Ich erinnere mich, daß er sich auf den Arm von Bertrand de Salignac-Fénelon stützte, der, um ihm Mut zu machen, halblaut das Motiv des *Karfreitagszaubers* aus Wagners *Parsifal* sang. Es war ja in der Tat ein Karfreitag, und die Obstbäume hatten unter den ersten zaghaften Sonnenstrahlen ihre Blüten entfaltet.«

Im September fährt Proust nach Chartres, zu der Kathedrale, die den Rhythmus seines Alltags in Illiers bestimmte, als er noch ein kleiner Junge war, jene Kathedrale, an deren Königsportal der französische Schriftsteller Joris-Karl Huysmans die schönste Skulptur der Welt und John Ruskin die schönste des gesamten Mittelalters entdeckt haben will. Proust hat sich von Robert de Billy Émile Mâles Werk *L'Art religieux du XIIIe siècle en France*, das 1899 erschienen ist, geliehen. Vier Jahre später habe er es zurückbekommen, ohne Einband und Vorsatzblatt, erzählt Billy später. Proust macht sich an Ort und Stelle Notizen, die er dann in der Bibliothek der *Gazette des Beaux-Arts* seines Freundes Charles Ephrussi vervollständigt.

Eine Folge dieser Ruskin-Wallfahrten war, daß Proust sich für die Erhaltung der Kathedralen und ihrer Funktion

LINKS UNTEN: Das Portal von Saint-Loup-de-Naud mit seinen Bildsäulen

FOLGENDE DOPPELSEITE: »Die Weiden, auf denen Kühe im abendlichen Licht Seite an Seite grasten, die Wälder, die Häuser, die Wege senkten sich in der Ferne steil genug hinab, daß Jean den ganzen Horizont überblicken konnte.«

(Jean Santeuil)

RECHTS: »Sogar die Ochsen von Laon, die das Baumaterial der Kathedrale christlich den Hügel hinaufgeschleppt hatten, auf dem sie sich erhebt … der Architekt hat sie dafür belohnt, indem er ihre Statuen zu Füßen der Türme errichtete, wo Sie sie noch heute sehen können, wie sie im Lärm der Glocken und im Stillstand der Sonne bis zum Horizont der Ebenen Frankreichs ihren ›inneren Traum‹ verfolgen.« *(Nachgeahmtes und Vermischtes)*

SEITE 91: Engel an der Kathedrale von Chartres. »(…) die Welt ist eine einzige ungeheure Sonnenuhr, von der schon ein beleuchteter Kreisausschnitt uns erlaubt die Stunde abzulesen (…).« *(Die Entflohene)*

als lebendige Stätten des Glaubens einsetzte. Er fürchtete nämlich, die Trennung von Staat und Kirche könnte den »Tod der Kathedralen«, so der Titel eines Artikels, den er 1904 im *Figaro* veröffentlichte, nach sich ziehen. »Als ich vom Tod der Kathedralen sprach, befürchtete ich, Frankreich werde in ein Gestade verwandelt, wo riesige ziselierte Muscheln gestrandet zu sein schienen, des Lebens entleert, das sie erfüllt hat, und dem Ohr, das sich über sie neigte, auch nicht das leiseste Rauschen von einst gewährend, einfache Museumsstücke, auch sie erstarrt.« *(Nachgeahmtes und Vermischtes)*

Was Ruskin anbelangt, so begibt sich Proust im Sommer 1903 ein weiteres Mal auf Spurensuche. Er besteigt den Zug nach Évian. Er ist so voller innerer Unruhe, daß er in seinem Abteil keinen Schlaf findet: »Ich habe, was mir seit langer Zeit nicht mehr passiert ist, die Sonne aufgehen sehen«, schreibt er später an Georges de Lauris. In Avallon steigt er aus, mietet sich einen Wagen und fährt in drei Stunden nach Vézelay. »Die Stadt ist ein Wunder in einer Art Schweiz, ganz allein liegt sie auf einem alles überragenden Berg, weithin sichtbar, eingebettet in eine Landschaft von überwältigender Harmonie«, heißt es in dem oben erwähnten Brief weiter. Die Abteikirche mit ihrem Wechsel von schwarzen und weißen Steinen beschreibt er als »herrliche christliche Moschee«. Wieder in Avallon, bekommt er Fieber. Weil er sich nicht ausziehen, nicht hinlegen will, läuft er die ganze Nacht durch die Stadt. Am anderen Morgen um sechs steigt er in den Zug, von wo aus er Semur in seinem mittelalterlichen Gewand erblickt, und macht Zwischenstation in Dijon, um die Grabstätten der Herzöge von Burgund zu besuchen. Um elf Uhr nachts kommt er schließlich in Évian an. »Dieses Hetzen, der

Mangel an Schlaf, meine schlechte körperliche Verfassung, dieser ›gnadenlose Wettlauf gegen die Zeit‹, das alles nahm mich so sehr mit, daß ich mich selbst nicht wiedererkannte, wenn ich im Vorbeigehen in einen Spiegel blickte, und daß die Leute mich fragten, ob mir etwas fehle«, schreibt er in seinem Brief an Georges de Lauris. Auf der Rückfahrt macht er halt in Bourg-en-Bresse, wo er sich im Vorort Brou die Kirche ansieht, und in Beaune besichtigt er das Hospital. Sein Humor hat ihn auch diesmal nicht verlassen, wie seine Zeilen an Marie Nordlinger beweisen: Die Besichtigung des Hospitals sei in seinem Zustand durchaus angemessen gewesen: eigentlich hätte man ihn als Notfall aufnehmen müssen. Und Viollet-le-Duc, der einmal sagte, das Hospital sei so schön, daß man richtig Lust bekäme, krank zu werden, wisse ganz offensichtlich nicht, wovon er spreche.

Beseelt vom Ruskinschen Geist, unternimmt Proust auch der Malerei wegen Reisen. Bereits 1898 hat er eine Rembrandt-Ausstellung in Amsterdam besucht. Im Oktober 1902 fährt er ein zweites Mal in den Norden. Gemeinsam mit Bertrand de Salignac-Fénelon, in den er sich leidenschaftlich verliebt hat, besucht er in Brügge eine Ausstellung flämischer Maler des ausgehenden Mittelalters. Auf Anraten Yeatmans nutzen sie die Gelegenheit zu einem Abstecher nach Gent und Antwerpen. Zur Überraschung aller, insbesondere seiner Mutter, verlängert Proust die Reise und fährt allein nach Dordrecht, um sich die dortige Kirche anzusehen, von dort weiter mit dem Schiff nach Rotterdam, Delft und Amsterdam, wo er sich mit Salignac-Fénelon trifft und die Möwen und die Grachten wiedersieht, die ihm bereits während seines ersten Aufenthalts so gut gefielen. Sie steigen im luxuriösen und entsprechend teuren Hotel de l'Europe ab, weil es den für Proust großen Vorteil hat, mit einer Zentralheizung ausgestattet zu sein. Bei ihren Museumsbesuchen liest Salignac-Fénelon dem Freund Passagen aus Hippolyte Taines *La Philosophie de l'art dans les Pays-Bas* vor.

Proust liebt den von Pferden gezogenen Fährkahn in Volendam, einem Fischerdorf, in dem sich eine kleine Künstlerkolonie angesiedelt hat; er liebt das Glockengeläut von Delft, die Bilder von Frans Hals, die er sich in Haarlem ansieht; vor allem aber liebt er Vermeers Gemälde *Ansicht von Delft*, das heute im Mauritshuis in Den Haag

RECHTS: Fassade in Amsterdam

SEITE 93: Vermeer van Delft, *Ansicht von Delft*. »›So hätte ich schreiben sollen‹, sagte er sich. ›Meine letzten Bücher sind zu trocken, ich hätte mehr Farbe daran wenden, meine Sprache in sich selbst so kostbar machen sollen, wie diese kleine gelbe Mauerecke es ist.‹« *(Die Gefangene)*

bewundert werden kann. In *Auf der Suche nach der verlorenen Zeit* wird es eine bedeutende Rolle spielen: Der Schriftsteller Bergotte stirbt bei der Betrachtung des Kunstwerkes.

Diese Reise wird Prousts letzte ins Ausland gewesen sein.

Anfang 1906 korrigiert er die Fahnenabzüge seiner Übersetzung von Ruskins *Sesame and Lilies.* Im Mai erhält er die ersten Exemplare. Er wird noch einige normannische Kirchen besuchen, dann ist die Ruskinsche Periode abgeschlossen. Nun kann er sich auf die Komposition eines Werkes konzentrieren, das seine ureigene, ganz persönliche Handschrift tragen wird.

GRAND HOTEL

Die Reise in die Normandie

SEITE 94: Das Grand Hôtel in Cabourg

RECHTS: Marcel Proust (Mitte) mit Robert de Billy und dessen Frau Jeanne, geborene Mirabaud, auf einer einwöchigen Kreuzfahrt im August 1904 von Le Havre nach Dinard. Die Jacht *Hélène* gehört dem Bankier Paul Mirabaud.

Im Sommer 1906 sucht Marcel Proust verzweifelt nach einem geeigneten Ferienort. Sein Gesundheitszustand hat sich weiter verschlechtert. Wiederholt bittet er seine alte Freundin Geneviève Straus, sich für ihn nach einem Erholungsort in der Normandie umzusehen. Er erwägt, nach Trouville zu fahren und ein Haus zu mieten, dessen Lage dem des Landhäuschens Harcourt vergleichbar ist; letzteres kommt für ihn allerdings nicht in Frage, »da man dort, wie Sie sagen, nicht ungefährlich wohnt«. Er spielt auch mit dem Gedanken, ein kleines Boot ganz für sich allein zu mieten und die Normandie und die Bretagne auf dem Wasserwege zu erkunden, verwirft den Plan aber wieder, weil er auf einem Boot nicht die Möglichkeit hat, Wäsche und Kleidung zu erwärmen. Warum sich nicht ein Zwei-Zimmer-Appartement im Hôtel des Roches Noires nehmen? »Aber mir scheint, die Wände sind ziemlich dünn und die Zimmer hellhörig und die Kamine wahrscheinlich nicht zum Feuermachen geeignet. Außerdem vertrage ich das normannische Klima nicht besonders gut. In Trouville bekommt mir der Nebel, der abends vom Tal heraufsteigt, nicht, und die Seeluft macht mich ein wenig nervös. Wenn ich allerdings

Stätten sind Personen, Personen aber, die sich nicht wandeln und die wir oft nach langer Zeit wiederfinden, freilich nicht ohne Verwundern darüber, daß wir selber sie nicht als dieselben wiedersehen, oder vor allem staunend, daß wir uns wohl dort noch als dieselben fühlen.

(*Jean Santeuil*)

RECHTS OBEN: Der Bahnhof von Dives, die Endstation der Bahnlinie nach Cabourg

RECHTS UNTEN: Reklameplakat für den Badeort Cabourg, der während der Saison achttausend Besucher zählt. In Trouville sind es im gleichen Zeitraum fünfzigtausend.

SEITE 97: »Ich selbst bildete mir ein, ich sitze auf der Mole oder in der Tiefe jenes ›Boudoir‹, von dem Baudelaire spricht, und fragte mich, ob seine ›Sonne, die auf dem Meer erstrahlt‹ (...), nicht die gleiche sei, die in diesem Augenblick das Meer topasfarben aufflammen, schäumend gären, blond und milchig wie Bier werden ließ, während augenblicksweise große blaue Schatten, die ein Gott durch spielendes Bewegen eines Spiegels am Himmel hin und her zu schieben schien, darauf entlangwanderten.«

(Im Schatten junger Mädchenblüte)

etwas Solides, Trockenes, Staubfreies, Typ modern und kahl, fände, ein Haus, das von den andern nicht erdrückt wird, gleichgültig, ob am Strand oder weiter oben, eins, das mich für den August nicht mehr als tausend Francs kosten würde,

würde ich es vielleicht nehmen«, schreibt er Geneviève Straus. Ein paar Tage später korrigiert er seine Vorstellungen dahingehend, daß es etwas »wirklich Trockenes« sein müsse, »nicht zwischen Bäumen«, wie er betont, »hoch gelegen, aber nicht oberhalb des Tals, in dem der Nebel steht, und wenn möglich mit Stromanschluß«. Ein Fahrstuhl wäre wünschenswert. Er ist unschlüssig, immer neue Zweifel kommen ihm. »Da aber die Normandie als ausgesprochen unzuträglich für Asthmatiker bekannt ist, ziehe ich etwas sehr offen Gelegenes vor (...). Das Nebengebäude des Hôtel des Roches Noires käme nur dann in Frage, wenn ich dort drei in sich abgeschlossene Zimmer haben könnte, wenigstens eines davon mit Kamin, das dritte für die Hausangestellte, und das Ganze täglich, alles in allem für mich und meine alte Bonne, nicht teurer als 60–70 Francs (...). Es wäre aber notwendig, daß dies Appartement einen heiteren, wohnlichen Eindruck machte, ohne Lauferei über dem Kopf noch nebenan, und all das scheint mir so gut wie unmöglich.« (Aus einem Brief an Geneviève Straus, Ende Juli–Anfang August 1906, *Briefe zum Leben*)

Zu guter Letzt verbringt er den Sommer in Versailles im Hôtel des Réservoirs. Im Herbst gibt er die Wohnung in der Rue de Courcelles auf und entschließt sich nach langem Hin und Her, in das Haus am Boulevard Haussmann Nummer 102 zu ziehen, das Jeanne Proust und ihr Bruder von ihrem Onkel geerbt hatten. Das Erbteil der Mutter ist Marcel zugefallen.

Am 1. Juli 1907 gibt Proust im Hôtel Ritz sein erstes Diner seit dem Tod der Mutter. Es findet zu Ehren Gaston Calmettes, Direktor des *Figaro*, statt. Die Geladenen bekommen als musikalische Umrahmung Prousts Lieblingsstücke zu hören: Faurés Sonate für Klavier und Violine (eins der Vorbilder für Vinteuils Sonate in *Auf der Suche nach der verlorenen Zeit*), Werke von Chopin, Beethoven, Schumann, Wagner.

Ende Juli steht er wieder einmal vor der Frage, wo er den Sommer verbringen soll (seit Jahresbeginn hat er das Bett nur fünfmal verlassen!). Er entschließt sich für das Grand Hôtel in Cabourg; sein Kammerdiener Nicolas Cottin, den er in diesem Jahr eingestellt hat, begleitet ihn. Möglicherweise ist seine Wahl des Reiseziels von einem am 23. Juli im *Figaro* veröffentlichten Artikel beeinflußt worden, in dem über die Neueröffnung des Grand Hôtel in Cabourg berichtet und das 1861 erbaute und jetzt gründlich renovierte Haus mit einem Palast aus *Tausendundeine Nacht* verglichen wird, der die Konkurrenz der großen Luxushotels nicht zu fürchten brauche. Vielleicht hat sich Proust aber auch an den Rat seiner Mutter erinnert, die ihm Cabourg 1903 empfohlen hatte, weil er sich dort früher wohlgefühlt habe. Vielleicht haben auch seine eigenen Erinnerungen ihn bewogen, an den Strand von Cabourg zurückzukehren, wo er, wie Baudelaire es in *Herbstgesang* formulierte, »die Sonne, die auf dem Meere strahlt,« betrachtete.

Das unmittelbar am Meer gelegene Hotel ist aus Quadersteinen erbaut, die dezent mit muschelförmigen Verzierungen geschmückt sind. Es bietet seinen Gästen nach damaligen Maßstäben modernsten Komfort: zweihundert Zimmer, von denen ein Großteil mit Bad ausgestattet ist, einen Fahrstuhl, ein Speisezimmer mit großen Panoramafenstern zum Meer hin. Der Eingang liegt auf der dem Meer

RECHTS OBEN: Louise Montaud (1884–1963) begann ihre Schauspielerkarriere als 18jährige unter dem Künstlernamen Louisa de Mornand. Marcel Proust lernte sie 1902 durch ihren Lebensgefährten Louis d'Albufera kennen. Mit Louisa verbindet Proust eine leidenschaftliche, aber rein platonische Beziehung.

RECHTS UNTEN: Der Speisesaal im Grand Hôtel in Cabourg. »Wie oft ist mir, nur weil ich im Augenblick den Duft eines Blattes verspürte, Madame de Villeparisis auf einem Rücksitz gegenüber zu sein, der Prinzessin von Luxemburg zu begegnen, die ihr von ihrem Wagen aus einen Gruß zuwinkte, ins Grand-Hôtel zum Abendessen zurückzukehren, als eine der unsäglichen Formen des Glücks erschienen, die weder Gegenwart noch Zukunft uns wiederschenken können und die man nur einmal auf Erden durchlebt.«

(Im Schatten junger Mädchenblüte)

abgewandten Seite, aber man kann es vom geräumigen Foyer aus sehen. An das Hotel gliedert sich auf der einen Seite ein Spielcasino mit Theater, Konzertsaal und einem 25 Meter langen und sieben Meter hohen Ballsaal an und auf der anderen eine Badeanstalt, wo man den Nichtschwimmern Badefreuden angedeihen läßt, indem man sie aus Kübeln mit Wasser begießt! Am Strand vor dem Hotel steht ein Musikpavillon; unter rotweißgestreiften Zelten sitzen die Gäste auf Stühlen, damit sie sich bei ihrem Plausch an der frischen Luft nicht die Kleider schmutzig machen. Proust reist mit Bediensteten an, mietet mehrere Zimmer, klagt über Feuchtigkeit, zieht mehrmals um.

Georges de Lauris, der vor einigen Monaten seine Mutter verloren hat, hält sich mit seinem Vater in Houlgate auf. Der Herzog und die Herzogin de Guiche weilen in Bénerville, desgleichen Louisa de Mornand und Gaston Gallimard; die Familie Straus ist zur Sommerfrische in Trouville. Im Grand Hôtel sind in jenem Sommer zahlreiche Gäste abgestiegen, die zu Prousts persönlichen Bekanntschaften zählen: der Schriftsteller Francis de Croisset, der Kunsthändler René Gimpel, in dessen Besitz sich Vermeers *Der Geograph* befindet, Misia Godebska, deren Ballets Russes Proust einige Jahre später schätzen lernen und die in dritter Ehe den spanischen Maler José María Sert heiraten sollte. In Deauville besucht Proust den Maler Paul Helleu, den er durch Montesquiou kennenlernte, in seinem Atelier und in Cabourg den Maler Édouard Vuillard, einen Freund Bibescos. Im Grand Hôtel gibt er ein Diner für seine Freunde. Der mittlerweile 36jährige, der sich einen Bart hat stehen lassen, fühlt sich zum erstenmal seit langer Zeit wieder voller Schwung und Tatkraft. Er unternimmt zahlreiche Ausflüge, besichtigt Stätten und Kunstwerke, von denen er glaubt, daß sie ihn anrühren, seine Phantasie beflügeln könnten. Er führt »das Leben einer abgefeuerten Kanonenkugel«, wie er sich in einem Brief an Georges de Lauris ausdrückt *(Briefe zum Leben)*. Und an Robert de Montesquiou schreibt er wenige Wochen später, im September: »Seit ich hier bin, und seit vielen Jahren zum

Der Speisesaal des Grand Hôtel in Cabourg in den siebziger Jahren. Er zählt zu den Vorbildern für den Speisesaal des Grand-Hôtel in Balbec in *Auf der Suche nach der verlorenen Zeit.*

ersten Mal, bin ich fast täglich aufgestanden, habe mich angezogen und bin ausgegangen.« *(Briefe zum Werk)* Er habe solche Angst, der Zauber könne enden, fügt er in einem anderen Brief an Hélène de Caraman-Chimay hinzu.

Er findet den Ort hinreißend, ist begeistert von der »prächtigen Meeresansicht«, vom malerischen Bild der Möwen, die »wie weiße Blütenblätter« auf den Wellen schwimmen und ihn in ihrer »Unbeweglichkeit und Weiße« *(Auf der Suche nach der verlorenen Zeit. Sodom und Gomorra)* an die Seerosen Claude Monets erinnern. Er schlendert den Deich entlang, der seit 1887 am Strand entlangführt und den er »die Vicomté« nennt: Hier promenieren die Feriengäste, führen die Damen ihre Kleider vor, treffen sich die Herren zu einer Unterhaltung, und die modernen jungen Mädchen, die ihre Fahrräder neben sich her schieben, lösen Kopfschütteln aus in ihrer sportlichen Kleidung, die in feinen Kreisen als unschicklich gilt. In einem Brief an Louisa de Mornand schildert Proust eine Begegnung, die ihn besonders beeindruckte: »Auf dem Deich von Cabourg traf ich Lucy Gérard. Es war ein herrlicher Abend, dem Sonnenuntergang fehlte nur eine einzige Farbe: Rosa. Aber ihr Kleid war ganz rosa, und von fern warf es auf den orangefarbenen Himmel diese ergänzende Farbe des Abendrots. Ich blieb lange Zeit stehen, um diesen zarten rosigen Farbtupfen zu betrachten, und kam erkältet heim, nachdem ich erlebt hatte, wie sie mit dem Horizont verschmolzen war, zu dem hin sie gleich einem Zauberschleier entschwebte.« *(Briefe zum Werk)*

Einladungen, gesellschaftliche Verpflichtungen bestimmen Prousts Alltag. Man sieht ihn mit Armand de Guiche beim Polo, bei einem Konzert, wo Gräfin Maupeou Chansons von Reynaldo Hahn vorträgt, im an das Hotel angrenzenden Casino, wo er jeden Abend spielt und verliert. In Trouville besucht er die Familie Straus in ihrem Landhaus Le Clos des Mûriers. Seine Blumen läßt er sich aus Houlgate

Paul César Helleu (1859–1927), *Junge Frau mit Sonnenschirm auf einer Mole.* Der Künstler, der sein Atelier an der normannischen Küste eingerichtet hat, dient gemeinsam mit Whistler und Vuillard als Modell für Elstir in *Auf der Suche nach der verlorenen Zeit.* Helleu fertigt eine Radierung von Proust auf dem Totenbett an und Dunoyer de Segonzac mehrere Zeichnungen.

kommen, und gelegentlich fährt er nach Dives, einem Marktflecken bei Cabourg, wo er bei Monsieur Le Remois im Gasthaus Guillaume le Conquérant zu Abend ißt; dort gebe es den besten Cidre in der ganzen Region, behauptet er. Er besichtigt die Überreste der Markthallen aus dem 15. Jahrhundert und die Kirche aus dem 11. Jahrhundert, die durch eins ihrer Fenster, dessen Glasmalerei einen »wundertätigen Christus« zeigt, bekannt geworden ist; gegenüber liegt ein Café, »an dem in goldenen Lettern das Wort ›Billard‹« steht *(Auf der Suche nach der verlorenen Zeit. Im Schatten junger Mädchenblüte).*

Jacques Bizet, der Sohn von Geneviève Straus, ist Direktor einer von den Rothschilds gegründeten Leihwagenfirma mit Sitz in Monaco geworden, die während der Sommermonate auch in Cabourg vertreten ist. Er empfiehlt seinem Freund Proust drei Chauffeure: Alfred Agostinelli, Odilon Albaret und Jossien. Agostinelli ist ein junger Bursche von 18 Jahren. Zwei Monate lang wird er Proust durch die Gegend chauffieren. In *Tage im Automobil* schreibt Proust spä-

Badekabinen zwischen dem Grand Hôtel und dem Strand in Cabourg

SEITE 102: Proust liebt die zum Meer hin abfallenden Steilhänge der Normandie.

LINKS: Die aus dem 17. Jahrhundert stammende und später das Gasthaus Guillaume le Conquérant beherbergende Relaisstation in Dives, dem heutigen Dorf der Künstler und Antiquare. Zu Prousts Zeiten hatte der Besitzer, »obwohl selbst Millionär, die Redeweise und die Bluse eines normannischen Bauern (beibehalten) und einen in die Küche kommen (lassen), damit man wie auf dem Lande ihm zusehen könne, wenn er ein Diner bereitete, das dessenungeachtet unendlich viel besser und auch noch sehr viel teurer als eines in den großen Palasthotels war«.

(Die Gefangene)

ter: »Mein Chauffeur hatte einen weiten Gummimantel übergezogen und eine Art Kapuze aufgesetzt, die ihn, während wir immer rascher durch die Nacht fuhren, einem Pilger oder eher einer Nonne der Geschwindigkeit ähnlich machte. Von Zeit zu Zeit rührte er – eine heilige Cäcilie, die auf einem noch weniger materiellen Instrument improvisiert – an die Klaviatur (...). Meist aber hielt er nur das Rad in der Hand – das Lenkrad (das man auch Volant nennt) –, recht ähnlich den Weihekreuzen in den Händen der Apostel, die sich an die Chorsäulen der Sainte-Chapelle in Paris lehnen, dem Kreuz des heiligen Benedikt und überhaupt jeder Stilisierung des Rades in mittelalterlicher Kunst. Er schien es nicht zu benutzen, so reglos verharrte er, sondern hielt es wie ein Symbol (...).« *(Nachgeahmtes und Vermischtes)*

Was die Ziele seiner Rundfahrten betrifft, so folgt Proust meist den Empfehlungen von Émile Mâle und Emmanuel

Alfred Agostinelli, die »Nonne der Geschwindigkeit« *(Nachgeahmtes und Vermischtes)*. Die Szene stammt aus dem Film *Marcel Proust: A Writer's Life.*

Bibesco, die er um Rat gebeten hat. Zur Stärkung nimmt er in jedem Gasthaus, in dem sie einkehren, Kaffee zu sich. Einmal läßt er sich nach Caen chauffieren. Schon von weitem erblickt er die Kirchtürme von Saint-Étienne, denen sich bald der Turm von Saint-Pierre zugesellt: »Einander angenähert zu einem dreizackigen Gebirgsgipfel, erschienen sie (...) wie in der Ebene abgesetzte reglose Vögel, die sich im Sonnenlicht abzeichnen«; und als sie abends in die entgegengesetzte Richtung fahren und er sich noch einmal umdreht, gleichen sie »den drei Mädchen aus einer Legende, die zurückgelassen wurden in einer Einsamkeit, über der sich die Dunkelheit zu senken« beginnt *(Nachgeahmtes und Vermischtes)*. An der Kathedrale von Bayeux, die er sich an diesem Tag zusammen mit dem Maler Helleu ansieht, fällt ihm insbesondere der orientalische Figurenschmuck an dem romanischen Schiff auf. Das von François Mansart erbaute und von dem Maler Pierre Mignard ausgeschmückte Château de Balleroy enttäuscht ihn der ästhetischen Zugeständnisse wegen, die der Schloßherr an den Zeitgeist gemacht hat. Proust besucht auch noch die Cousine von Robert de Montesquiou in Falaise und trifft schließlich in Lisieux ein, wo er sich an der Fassade der Kathedrale Notre-Dame einige der Blattwerke ansehen möchte, von denen Ruskin in *The Seven Lamps of Architecture* spricht. Unglücklicherweise ist es inzwischen dunkel geworden. Aber Agostinelli hat den rettenden Einfall: Er richtet die Autoscheinwerfer nacheinander auf alle Teile des Portals: »Stamm für Stamm traten die Pfeiler aus dem Dunkel hervor und enthüllten im vollen Licht vor beschattetem Hintergrund die großzügige Modellierung ihrer steinernen Blätter.« *(Nachgeahmtes und Vermischtes)* Weitere Ausflüge führen ihn nach Pont-Audemer zur Kirche Saint-Ouen, wo er ein Fenster bewundert, ferner in die Klöster von Jumièges, Saint-Wandrille und Saint-Georges-de-Boscherville.

Proust bleibt die ganze Saison über in Cabourg und reist erst ab, als das Grand Hôtel seine Pforten schließt. Er fährt nicht auf dem direkten Weg nach Paris zurück, sondern macht Zwischenstation in Évreux, wo er sich für drei Nächte im Hôtel Moderne einquartiert und sich die Zeit nimmt, die Fenster der Kirche Saint-Taurin bei Sonnenuntergang zu bewundern. Anschließend besucht er die Marquise de Clermont-Tonnerre in Glisolles. Da es bei seiner Ankunft schon dunkel ist, bittet er Agostinelli, die Scheinwerfer wieder einzuschalten und die Rosen im Garten anzustrahlen. Zurück in Paris erleidet er einen schweren Asthmaanfall, der ihn drei Wochen ans Bett fesselt. Dennoch veröffentlicht er im *Figaro* vom 19. November den Artikel *Tage im Automobil*. Er vergleicht das Transportmittel mit dem »Riesen in Siebenmeilenstiefeln« *(Auf der Suche nach der verlorenen Zeit. Sodom und Gomorra)*, für den Entfernungen zusammenschrumpfen, unbedeutend werden. Was früher undenkbar war, ist jetzt möglich: am selben Tag Orte zu besuchen, die scheinbar weit voneinander entfernt, ja sogar in entgegengesetzter Richtung liegen. Ein weiterer entscheidender Vorteil des Automobils ist, daß es »sogar einen Kranken dorthin fährt, wo er hin will« und es dem Reisenden andererseits dazu verhilft, »mit verliebt sich vortastender Hand und in feinster Präzision der wahren Geometrie dem schönen Maß der Erde nachzuspüren« *(Sodom und Gomorra)*.

Im darauffolgenden Jahr rechnet Proust sich aus, daß ein zweimonatiger Hotelaufenthalt in Cabourg ihn nach heutigem Stand 135 000 Francs kosten würde. Obwohl das seiner Ansicht nach viel zuviel ist, fährt er am 18. Juli wieder dorthin. Anfangs geht es ihm so schlecht, daß er das Bett hüten muß. Aber bald schon kann er, abgesehen von den Spazierfahrten, die Lebensweise des vergangenen Sommers wiederaufnehmen, gesellschaftlichen Verpflichtungen nachgehen,

Das hat seinen Grund. Der Schriftsteller hat nämlich damit begonnen, die fünf länglichen Notizbücher, die Geneviève Straus ihm zum Jahreswechsel geschenkt hat (das größte mißt 25,5 x 6,5 Zentimeter, und den Einbanddeckel eines jeden schmückt eine kleine Figur), zu füllen. Aus einer Vielfalt von Beobachtungen, Anmerkungen, Gedanken, aus einer Sammlung von Fragmenten entsteht so der Romanzyklus *Auf der Suche nach der verlorenen Zeit* sowie das Vorwort zu *Gegen Sainte-Beuve*, wo er bereits seine Theorie zur *mémoire involontaire*, der unbewußten – oder unwillkürlichen – Erinnerung, entwickelt.

In jenem Jahr 1908 macht er bei Louisa de Mornand die Bekanntschaft des jungen Gaston Gallimard. Dieser beobachtet ihn, wie er, mit Strohhut, Lackschuhen und Abendcape bekleidet, auf der Suche nach dem richtigen Haus durch die Straße irrt. Prousts Hang zum Exzentrischen wird ausgeprägter, was sich nicht nur an seiner Aufmachung und seinem Auftreten zeigt, sondern auch an seinen verrückten Einfällen und seiner zuweilen schroffen Redeweise. Dennoch beeindruckt er den jungen Gallimard an diesem Tag, als er beim Abendessen, das er für seine Freunde im Grand Hôtel gibt, aus dem Gedächtnis lange Passagen, die von Konstantinopel handeln, aus einem Werk Pierre Lotis zitiert.

Proust mag ein Exzentriker sein, er ist aber auch ein fleißi-

LINKS OBEN: Die Türme der Kirche Saint-Étienne in Caen

LINKS UNTEN: Die Jakobsmuschel, Erkennungszeichen der Pilger und Wallfahrer, an der Kirche Saint-Étienne

FOLGENDE DOPPELSEITE: »Morel nahm an dem Ausflug teil; er sollte unter den Bäumen Geige spielen.«

(Sodom und Gomorra)

Freunde zum Essen einladen, Besuche im Clos des Mûriers und in der Villa Les Frémonts machen.

Gewöhnlich verläßt er das Hotel gegen Mittag und schlendert zum Musikpavillon. Er trägt stets einen perlgrauen Überzieher mit violettem Satinfutter, eine dazu passende Melone, schmale, spitze Halbstiefel, die eher in einen Salon passen als an den Strand, sowie weiße Handschuhe mit schwarzer Naht. Am Spätnachmittag sucht er das Casino auf, wo er etwa eine Stunde bleibt. Abends empfängt er Freunde und Bekannte auf seinem Zimmer. Der Portier erhält täglich eine Liste mit den Namen derer, die er hinaufschicken darf und die vom Liftboy angemeldet werden; die anderen können ihren Namen hinterlassen, werden aber mit dem Hinweis, daß Monsieur Proust zu erschöpft ist, um Besuch zu empfangen, abgewiesen.

RECHTS: Die Kathedrale von Bayeux. Die Ecksteine der hohen Arkaden und andere Teile der Kirche »haben etwas Orientalisches; eines der Kapitelle stellt so akkurat ein persisches Motiv dar, daß das Fortbestehen östlicher Traditionen als Erklärung nicht ausreicht. Der Steinmetz hat offenbar irgendeinen Behälter als Vorlage benutzt, den Seeleute mitgebracht haben«.
(Im Schatten junger Mädchenblüte)

UNTEN: Alfred Agostinelli (am Steuer) und Odilon Albaret. »Manchmal drang der Geruch des Automobils durch das Fenster (…), jener köstliche Benzingeruch, (…) das war die ganze Unermeßlichkeit des Landes, die Freude des Aufbrechens.« *(Gegen Sainte-Beuve)*

ger Arbeiter, der sich der Richtung, die er seinem Werk geben muß, zunehmend bewußter wird. Am 8. November 1908 schreibt er von Paris aus an Georges de Lauris: »Solange Sie dazu fähig sind, Georges: arbeiten Sie! Ruskin hat irgendwo etwas Sublimes gesagt, was Sie sich jeden Tag vor Augen halten müssen (…): Denn bald kommt die Nacht, in der man nichts mehr machen kann (ich zitiere ungenau). Georges, ich befinde mich schon halb in dieser Nacht, obwohl es manchmal nicht den Anschein hat.« *(Gegen Sainte-Beuve)*

Im Juli des folgenden Jahres brennt die Lampe im Schlafzimmer, seinem Arbeitsplatz, in seiner Pariser Wohnung sechzig Stunden ununterbrochen. Nicolas Cottin, sein Kammerdiener, vergleicht sein Durchhaltevermögen mit dem eines »alten Brahmanen«. Doktor Bize, einer von Prousts Ärzten, verordnet dem Patienten schließlich eine Luftveränderung. Am 15. August sind die Koffer für Cabourg gepackt. Proust verlangt ein Zimmer im vierten Stock des Grand Hôtel, damit er nicht durch Schritte von oben gestört wird, und mietet ein zweites für seinen Diener. Zufrieden ist er allerdings erst, nachdem er mehrmals das Zimmer gewechselt hat. In diesem Sommer 1909 füllt er mehrere Schulhefte mit Notizen. Das gesellschaftliche Leben verliert nach und nach an Bedeutung: Vom mondänen Dandy wandelt er sich zum Einsiedler. Er geht ins Restaurant, wenn die anderen längst gegessen haben; im Casino rezitiert er Verse von Anna de

Noailles; er steht im Ruf, für allgemeine Heiterkeit zu sorgen. Er geht kaum aus, empfängt nicht mehr, macht keine Besuche mehr bei den Straus' – sie aber fahren nach Cabourg, um ihn im Hotel zu besuchen –, und eines Abends, als das Orchester im Speisesaal auf seinen Wunsch hin Melodien von Reynaldo Hahn spielt, bricht er in Tränen aus. Ende September fährt er zurück nach Paris. Einige Wochen später liest er Hahn und de Lauris einige Seiten aus seinem neuen Roman vor, den er dem *Figaro* als Fortsetzungsroman anbietet. Gaston Calmette lehnt ab.

Den Sommer 1910 verbringt er wiederum in Cabourg. Am 17. Juli reist er in Paris ab. Aufgrund einer Verwechslung bei der Gepäckaufgabe kommen ihm seine Koffer abhanden, und man händigt ihm die Hutschachteln einer Dame aus, die mit seinem Gepäck in die Bretagne gefahren ist. Für Proust ist das ein Drama, denn der Aufenthalt in der Sommerfrische erfordert eine gründliche Planung: Neben einer Unmenge von Wäschestücken, die er zum Warmhalten und zum Schutz gegen Feuchtigkeit benötigt, müssen auch Medikamente und Manuskripte gewissenhaft eingepackt werden.

Im Grand Hôtel sieht er seine Cousinen Valentine und Marguerite Thomson wieder, denen er aufgrund seines schwarzen Bartes und seiner umschatteten Augen wie ein »orientalischer Zauberer« vorkommt (*My Cousin Marcel Proust. Harper's Magazine,* Mai 1932). Es geht ihm so schlecht, daß er nicht ein einziges Mal an den Strand hinuntergeht. Sein Zimmer verläßt er nur alle zwei, drei Tage; dann setzt er sich draußen in einen von den Hotelpagen herbeigeschafften Korbsessel unter einen Sonnenschirm.

Der Aufenthalt im Sommer 1911 ist Marcel Prousts längster in Cabourg, aber auch der, bei dem er sich die meiste Zeit in seinem Zimmer vergräbt. Am 25. Juli, zwölf Tage nach seiner Ankunft, schreibt er an Reynaldo Hahn: »Ich denke sehr viel an Dich, und daß ich Dir nicht schreibe, liegt daran, daß Cabourg mir dieses Jahr überhaupt nicht gut bekommt und ich häufig Asthma habe.« Von seinem Zimmer aus habe er eines Abends ein Frauenorchester am Strand spielen hören, und der Klang der Jagdhörner und Kornette habe ihn mit grenzenloser Traurigkeit erfüllt: »Ich hätte mich vor lauter Schwermut ins Meer stürzen können«, bekennt er. Einigen gesellschaftlichen Verpflichtungen kommt er dennoch nach. Im Casino besucht er den Ball des Golfclubs, dessen Präsident Vicomte d'Alton ist. Er spielt nach wie vor seine Partie Baccara und verliert nach wie vor. Er plaudert mit Gaston Calmette, und der Sohn der Schauspielerin Réjane, die mit bürgerlichem Namen Gabrielle-Charlotte Réju heißt, sieht ihn bleich und bärtig über den Golfplatz irren. Vermutlich ging es Proust darum, Informationen über diesen Sport zu sammeln, den zwei seiner Heldinnen in *Im Schatten junger Mädchenblüte*, Andrée und Albertine, betreiben. Sein Manuskript ist inzwischen zu beachtlicher Länge angewachsen, und er betraut die Hotelsekretärin Cecilia Hayward damit, es abzutippen. Am 26. September, als nach seiner Einschätzung ein Viertel seines Romans getippt vorliegt, reist er ab. Im Frühjahr 1912 veröffentlicht *Le Figaro* einen ersten Auszug des *Combray* betitelten Teils von Band eins des auf zwei Bände angelegten Werkes. Weitere Auszüge sollen in den kommenden Jahren folgen.

VORHERGEHENDE SEITE: Das Maison du Cadran (Haus der Sonnenuhr) aus dem 17. Jahrhundert in der Rue Saint-Martin in Bayeux

SEITE 111: Die Küste zwischen Trouville und Hennequeville mit ihren Villen hoch über dem Meer. In einem Brief an Louisa de Mornand schreibt Proust: »Abends müßten Sie einen herrlichen Blick auf Le Havre haben. Ein Geruch von Laubhecken, Milch und Meersalz, den ich als köstlicher empfinde als die raffiniertesten Duftmischungen, schwebt über den Wegen.«

1912 fährt Proust erst Anfang August nach Cabourg. Abends nimmt er an Tanzveranstaltungen im Casino teil, tagsüber besucht er Freunde. Für die Fahrten mietet er den Pferdeomnibus des Hotels: In seinem Bekanntenkreis haben sich mehrere tödliche Autounfälle ereignet, was ihn so schockiert hat, daß er vorläufig aufs Autofahren verzichtet. Er macht die Bekanntschaft des damals 15jährigen Philippe Soupault, der als surrealistischer Dichter berühmt werden sollte, und unterhält sich abends angeregt im Hotel. Gaston Calmette und Marie Scheikévitch, eine Freundin der Malerin Madeleine Lemaire, erschrecken bei Prousts Anblick, als sie ihn im Hotel besuchen: Er trägt einen Wintermantel über seinem Smoking und mehreren Strickwesten und hält einen abgenutzten Strohhut in der Hand. Doch er ist guter Dinge, ein charmanter Plauderer, der auch das Lachen nicht verlernt hat. Er imitiert gemeinsame Bekannte mit jener für ihn bezeichnenden Bissigkeit und erzählt von seinem Roman.

Gelegentlich fährt er zu Geneviève Straus, die den Sommer in ihrem Landhaus Clos des Mûriers verbringt. Seit sie bei einem Brand während eines Wohltätigkeitsbasars in Paris beinahe ums Leben gekommen wäre, hat sie sich verändert. Die einst so temperamentvolle Frau leidet unter Depressionen, die auf Kindheitserlebnisse zurückzuführen sind und behandelt werden müssen. Einmal machen die beiden einen Ausflug, an den Proust lange zurückdenken wird, weil er an die Orte führt, an denen er einst so glücklich war, jene Orte, die er mit Mary Finaly und der »netten kleinen Bande« besuchte. Jener Tag, so schreibt er Geneviève Straus nach seiner Rückkehr nach Paris, wird ihm als »eine sonnige Enklave in Monaten voll düsterer Finsternis vor Augen bleiben« *(Briefe zum Werk)*.

Auf der Heimreise nach Paris am 18. September hat er 712 maschinengeschriebene Seiten von *Auf der Suche nach der verlorenen Zeit* im Gepäck. Bereits ein Jahr zuvor hat er den jungen Albert Nahmias, dessen Vater, ein Börsenmakler, eine Villa in der Nachbarschaft des Hotels besitzt, als Sekretär eingestellt, damit er die Maschinenabschrift des Manuskripts überwacht. In einem Brief an Antoine Bibesco vom November 1912 erklärt Proust: »(...) mein Buch (wird) vielleicht wie der Versuch einer Folge von Romanen des Unbewußten erscheinen. (...) Das bewußte Gedächtnis, das vor allem ein Gedächtnis des Verstandes und der Augen ist, gibt

Auf seinen Spazierfahrten im Leihwagen wird Proust oft von dem Maler Helleu und dem Karikaturisten Sem begleitet. Zuweilen kommt es zu unerwarteten Begegnungen. »Sie laden mich zu einer Spazierfahrt ein, und ich finde mich in der Pampa bei einem Stierkampf wieder«, beklagte sich Sem einmal. In *Sodom und Gomorra* klingt diese Begebenheit – die sicherlich nicht die einzige ihrer Art war – nach.

uns von der Vergangenheit nur Oberflächenbilder ohne tieferen Wahrheitsgehalt wieder: ein unter ganz anderen Umständen wiedergefundener Duft hingegen, ein Geschmack, lassen in uns, ohne unser Zutun, die Vergangenheit wieder erstehen (...).« *(Briefe zum Werk)*

Das Jahr 1913 hält schmerzliche Erfahrungen für Marcel Proust bereit. Der erste Band von *Auf der Suche nach der verlorenen Zeit*, der den Titel *In Swanns Welt* trägt, ist sowohl vom Verlag Fasquelle als auch von der *Nouvelle Revue Française* abgelehnt worden. Proust entschließt sich, sein Buch auf eigene Kosten bei Bernard Grasset verlegen zu lassen. Seine Kräfte sind verbraucht. Die Korrektur und das Überarbeiten des Manuskripts waren nicht weniger anstrengend als die Suche nach einem Verleger. Im August, nach wochenlanger Unschlüssigkeit, bricht er dann doch noch nach Cabourg auf. Anfang des Jahres hat er Alfred Agostinelli, der ihn um eine Anstellung bat, als Schreibkraft eingestellt, da die Stelle des Chauffeurs bereits an Odilon Albaret und die des Kammerdieners an Nicolas Cottin vergeben ist. Dennoch ist es Agostinelli, der ihn nach Cabourg chauffiert. Er verfährt sich, und die beiden Männer kommen erst um fünf Uhr morgens im Grand Hôtel an.

Proust sieht die Fahnenabzüge der Fortsetzung seines Romans durch. Nach einer Woche kehrt er jedoch nach einem Ausflug mit Agostinelli Richtung Houlgate unerwartet nach Paris zurück. Was sich hinter der plötzlichen Abreise verbarg, ist nicht bekannt. Ein Liebesdrama? Die Sehnsucht nach einem geliebten Menschen, der in Paris auf ihn wartete? Der Wunsch, seine Beziehung zu Agostinelli, in den er sich leidenschaftlich verliebt hat, geheimzuhalten?

In Paris legt Proust das gesamte Manuskript von *In Swanns Welt* drei Männern zur Lektüre vor: dem Schriftsteller Louis de Robert, Lucien Daudet, Sohn von Alphonse Daudet, und Jean Cocteau. Das Buch erscheint am 13. November. Agostinelli kehrt nicht zu Proust zurück. Er hat seine Leidenschaft für Flugzeuge entdeckt und eine Pilotenausbildung begonnen. Als er im Frühjahr 1914 unter dem Namen »Marcel Swann« an einem Pilotenlehrgang an der französischen Mittelmeerküste teilnimmt, geschieht das Drama: Die Maschine stürzt auf einem Übungsflug ins Meer; Agostinelli kommt bei dem Absturz um. Der Schmerz über den Verlust raubt Proust fast den Verstand. Agostinelli dürfte nach seinen Eltern der Mensch gewesen sein, den er am meisten geliebt hat. Monatelang ist er vor Kummer wie betäubt und äußert mehrmals den Wunsch, sterben zu wollen. An Lucien Daudet schreibt er, jedesmal, wenn er in ein Taxi steige, hoffe er, von einem Autobus überfahren zu werden. Er ist nicht imstande zu arbeiten. Die Reaktionen auf sein Buch sind unterschiedlich. André Gide, einer der drei Direktoren der *Nouvelle Revue Française*, gesteht in einem Brief an Proust ein, seine Ablehnung des Manuskripts sei »der schwerwiegendste Irrtum« der Zeitschrift gewesen. Neuauflagen folgen; die anderen Bände sollen ebenfalls veröffentlicht werden, aber dann bricht der Krieg aus.

Den Sommer 1914 verbringt Proust in Paris. Sein Bruder Robert wird am 2. August nach Verdun eingezogen, und Marcel, der aufgrund seines schlechten Gesundheitszustands ausgemustert wird, fühlt sich verantwortlich für die Schwägerin und die kleine Suzy. Doch Ende August reist Marthe Proust mit ihrer Tochter nach Pau. Am 2. September verlegt die französische Regierung ihren Sitz nach Bordeaux. Die Pariser flüchten aus ihrer Stadt. Marcel Proust bricht am 4. September nach Cabourg auf. Nicolas Cottin und Odilon Albaret sind ebenfalls eingezogen worden. Nachdem er Céline, die Frau von Nicolas, deren Verhalten er unerträglich findet, entlassen hat, stellt er Céleste Albaret ein, die 21jährige Frau seines Chauffeurs. Sie kommt frisch aus der Provinz, nämlich aus der Lozère, und hat einige Mühe, sich dem Großstadtleben anzupassen. Als erstes wird Céleste im Ritual des Kofferpackens unterwiesen: Manuskripte in den alten Pappkoffer mit beigem Stoffbezug; einen Berg Unterwäsche, zwei Überzieher aus Vikunjawolle, die Proust eigens für Cabourg anfertigen ließ – einer grau mit violettem Futter, der andere braun –, in den Reisekoffer mit Rädern; ferner Decken, weil die hoteleigenen nach Mottenpulver riechen, und die Reiseapotheke. Als Ersatz für Cottin hat Proust einen bildhübschen jungen Schweden namens Ernst Forssgren eingestellt. Der neue Kammerdiener kann in dem hoffnungslos überfüllten Zug nur mit größter Mühe noch einen Platz in der billigsten Klasse für Proust ergattern. Nach 13 Stunden erreichen sie Mézidon, wo sie umsteigen müssen. Proust ist so erschöpft, daß er sich ein paar Stunden ausruhen muß, ehe er die Fahrt fortsetzen kann. Nach 22 Stunden kommen sie in Cabourg an.

Um Auseinandersetzungen mit dem Hoteldirektor und etwaige Zimmerwechsel zu vermeiden, hat Proust sich bereits in den Vorjahren drei Zimmer im obersten Stock mit Blick aufs Meer reservieren lassen; die Benutzung der Dachterrasse ist den Hotelgästen für die Dauer seines Aufenthalts untersagt. Das Casino hat geschlossen. Marcel Proust wünscht niemanden zu sehen. Er zeigt Céleste Albaret das Meer, das sie zum erstenmal in ihrem Leben sieht, und hängt den Erinnerungen an die schönen Zeiten nach, die er in der Gegend erleben durfte. Er überarbeitet den zweiten Band seines Romans. Er empfängt weder Robert de Montesquiou noch dessen Cousine, Gräfin Greffulhe. Von Ernst Forssgren läßt er sich aus der Zeitung vorlesen, oder er spielt eine Partie Karten mit ihm.

Geneviève Straus gibt kostenlose Mahlzeiten an belgische Flüchtlinge aus. Proust besucht sie in ihrem Landhaus;

FOLGENDE DOPPELSEITE:
»›Was für ein Vergnügen müßte es sein, so etwas zusammen anzusehen!‹ (…) Ich selbst empfand (dies Vergnügen) angesichts von schönen Dingen nur, wenn ich allein war, oder mich verhielt, als ob ich es sei, das heißt schwieg.«

(Sodom und Gomorra)

UNTEN: »Und obwohl meinem rauschhaften Zustand das Verlangen nach künstlerischen Genüssen zugrunde lag, gaben ihm die Reiseführer noch mehr Nahrung als ästhetische Betrachtungen in Büchern, und mehr noch als jene das Kursbuch.«

(In Swanns Welt)

Céleste Albaret. Sie und ihre Schwester Marie Gineste kommen unter ihrem richtigen Namen in *Auf der Suche nach der verlorenen Zeit* vor.

beide ahnen nicht, daß dies sein letzter Besuch auf Le Clos des Mûriers sein wird. Émile Straus kümmert sich wie gewöhnlich um seine Rosen; Réjane ist gekommen und albert mit Proust herum; mitten im Krieg dreht sich ihre Unterhaltung um Richard Wagner. Das Grand Hôtel ist für die Verwundeten beschlagnahmt worden. Da Proust das Geld ausgegangen ist und keine Bankgeschäfte mehr getätigt werden können, reist er wieder ab. Es sollte sein letzter Aufenthalt im Grand Hôtel in Cabourg gewesen sein. Daheim in Paris, in der Wohnung am Boulevard Haussmann, denkt er an Reynaldo Hahn, Lucien Daudet, Bertrand de Salignac-Fénelon, an all die Freunde, die an der Front sind, und er sagt zu Céleste: »Ich werde nie mehr nach Cabourg oder woandershin fahren. Die Soldaten tun ihre Pflicht; da ich nicht wie sie kämpfen kann, ist es meine Pflicht, mein Buch zu schreiben, mein Werk zu vollenden. Die Zeit drängt zu sehr, als daß ich mich noch anderen Dingen widmen könnte.« (Céleste Albaret, *Monsieur Proust*) Céleste packt die Koffer aus, hängt die leichten Überzieher weg: sie werden nie wieder aus dem Schrank geholt werden. Ende Juli 1919 verspürt Proust plötzlich das Verlangen, nach Cabourg zurückzukehren. Er läßt das Auto holen. Bereits am Bois de Boulogne dreht er jedoch um und fährt nach Hause zurück.

Der Speisesaal des Grand Hôtel in Cabourg nach dem Umbau. »Jean ging vom Meer Abschied nehmen (...). In Gedanken an die Dinge, die er so sehr geliebt hatte (...), konnte er sich nicht vorstellen, daß jetzt seine zärtliche Liebe für immer verschwinden, daß es mit diesen Dingen aus und vorbei sein solle. (...) Er wiederholte, er werde vielleicht noch vor Ablauf eines halben Jahres wiederkommen.«

(Jean Santeuil)

Der Himmel über der Île-de-France

Wie ein Flieger aber, der bis dahin mühsam auf der Erde entlanggerollt ist und sich nun plötzlich vom Untergrund löst, erhob ich mich zu den schweigenden Höhen der Erinnerung. (*Die wiedergefundene Zeit*)

OBEN: Marcel und Robert Proust mit ihrer Mutter Jeanne. Die Aufnahme entstand kurz nach dem Tod von Adrien Proust.

SEITE 118: »Vor allem liebe ich es, unter den ungeheuren Kastanienbäumen stehenzubleiben und zu verweilen, wenn sie im Herbste vergilbt sind.« (*Freuden und Tage*)

Wenn Marcel Proust morgens in seiner Wohnung am Boulevard Haussmann die Augen aufschlägt, braucht er sich nicht erst umzudrehen und nachzuschauen, wie hell oder wie dunkel der schmale Lichtstreifen über den Vorhängen ist, um zu wissen, wie sich Paris an diesem Tag präsentiert: »(…) die ersten Geräusche bringen mir den Trübsinn des Regens, in dem sie selbst trübsinnig werden, das Licht der eisigen Luft, in der sie vibrieren, das Herabsinken des Nebels, der sie erstickt, die Milde und Luftschwalle eines windigen und lauen Tages, an dem der leichte Regenguß sie kaum naß macht, rasch weggewischt von einem Windstoß oder getrocknet von einem Sonnenstrahl.« Und dann, je nachdem, was sein Gehör ihm über den Tag verraten hat, wünscht er sich, »die Nacht in einem Eisenbahnzug verbracht« zu haben, »um am Morgen zur Zeit des Milchkaffees in einer kleinen Stadt der Normandie (…) anzukommen, (…) am Ufer des vom Sturm aufgewühlten Meeres, um unverzüglich zu einem Spaziergang aufzubrechen«. Er möchte in Brügge sein oder in Amiens, »um an der noch

OBEN: Die Schüler der Philosophie-Klasse 1888/89 des Lycée Condorcet. Marcel Proust steht in der mittleren Reihe ganz links; vor ihm Gabriel Trarieux und daneben Louis de La Salle.

zugefrorenen Somme die Kathedrale zu sehen«; er möchte den »verschneiten Sankt Gotthard überqueren und in das von Blumen erfüllte Italien hinuntersteigen«; er möchte noch einmal die »Freude des Aufbrechens« verspüren *(Gegen Sainte-Beuve)*. Der Geschmack frischen Cidres ist ihm ebenso gegenwärtig wie der Duft der Linden. Aber er ist in Paris, er liegt in einem Zimmer, dessen Vorhänge fest zugezogen sind, und er hat Schmerzen in den rasselnden Lungen, die ihm oft genug Tränen in die Augen treiben. Er verläßt das Haus nur selten. Lediglich in der Erinnerung und in seinen Träumen kehrt er an die Plätze, in die Gärten und Parks der Stadt zurück, die seine Kindheit und seine Jugend prägten.

Marcel Proust ist in Paris geboren, hat dort sein Leben lang gelebt und ist dort gestorben. Paris dient ihm gleichsam als Orientierungszeichen, speziell das 8. und 16. Arrondissement, wo die Straßen breit und luftig angelegt sind und sich seine sämtlichen Wohnungen befunden haben. Als Spielplatz dienen den Kindern des 8. Arrondissement in der damaligen Zeit der Parc Monceau und die Champs-Élysées, die im Zweiten Kaiserreich unter dem Präfekten Haussmann zu einem Prachtboulevard mit zahlreichen Attraktionen ausgebaut wurden. Die öffentlichen Grünanlagen sind wichtiger Bestandteil des Lebensstils der Bourgeoisie, für die es selbstverständlich ist, die Kinder zum Spielen nach draußen an die frische Luft zu schicken. Die Kinder von Adrien Proust machen da keine Ausnahme. Als Marcel und Robert das Lycée Condorcet besuchen, gehen sie jeden Nachmittag nach der Schule auf die Champs-Élysées. Zwischen den Kaffeehäusern Les Ambassadeurs und L'Alcazar, wo während der Sommermonate Orchester aufspielen, treffen sich die Brüder mit ihren Klassenkameraden oder mit anderen Kindern aus dem Viertel. Das Petit Palais und das Grand Palais gab es zu der Zeit noch nicht, beide wurden erst anläßlich der Weltausstellung 1900 erbaut. Aber das Panorama des Baumeisters und Gartenarchitekten Gabriel Davioud (im heutigen Théâtre Marigny) kann man sich ansehen: Es stellt militärische Schlachten dar. Und im Palais de l'Industrie stellen die Maler des »Salon de mai« aus, der zu einem gesellschaftlichen Ereignis geworden ist. Auf Anordnung Baron Haussmanns sind die in den vergangenen Jahrhunderten gepflanzten Bäume gefällt und auf den entstandenen freien Flächen nach dem Vorbild englischer Parks Rasen angesät, Boskette, Rabatten und Wasserbassins angelegt worden. Mit ihren Restaurants, Kaffeehäusern,

RECHTS: Ein Luxusschreibwarengeschäft am Boulevard Haussmann unweit der Proustschen Wohnung

SEITE 121: »Jeden Morgen lief ich bis zur Anschlagsäule, um nachzusehen, welche Stücke angezeigt wären.« *(In Swanns Welt)*

Zirkussen und der Achterbahn, die wenig später im Jardin du Paris errichtet werden wird, dauert es nicht lange, bis die Champs-Élysées zur beliebtesten Promenade der Pariser werden. Tagsüber sieht man Damen und Herren zu Pferde und eine Vielzahl von Kutschen aller Art; Kinder, meist in Begleitung des Kindermädchens, werfen begehrliche Blicke nach den Reifen und Bällen, den Trommeln und Windmühlen, die nebst Lebkuchen und Lutschstangen in den kleinen Holzbuden angeboten werden, ebenso wie nach den Waffelhörnchen, die ein Händler verkauft. Abends wird die Promenade zum Treffpunkt für Erwachsene aus allen Schichten: Sie besuchen die Darbietungen im Alcazar.

Die Avenue Gabriel, benannt nach einem Baumeister des 18. Jahrhunderts, Jacques-Ange Gabriel, der die beiden Prachtbauten Ecke Rue Royale errichtete, führt an der Nordseite des Parks entlang, in dem die Kinder spielen. 1828 war das Gelände vom staatlichen in den städtischen Besitz übergegangen, mit der Auflage, es kindergerecht zu gestalten. So wurden ein Puppentheater und ein Karussell mit Holzpferden aufgestellt; wer Lust hat, kann sich beim Barlauf (einem Turnspiel) vergnügen oder in einem Ziegen- oder Eselswägelchen spazierenfahren.

Von Marcel Prousts Spielkameraden machen sich später nicht wenige einen Namen in der Wissenschaft, der Literatur oder der Politik. Zu der Schar Kinder, die sich regelmäßig zum Spielen treffen, gehören Antoinette und Lucie Faure, die Töchter von Félix Faure, der 1895 sechster Präsident der französischen Republik werden wird. Marie und Nelly de Benardaky lernt Proust später kennen. Ihr Vater, ein Exil-Russe, schreibt humoristische Bücher, die von Caran d'Ache illustriert werden. Von Marie, die eines der Vorbilder für Gilberte Swann in *Auf der Suche nach der verlorenen Zeit* werden sollte, sagt Proust später, sie sei »das Entzücken und die Verzweiflung (seiner) Kindheit gewesen« (Brief an Prinzessin Soutzo von 1918, *Briefe zum Leben*). Im Werk wie im wirklichen Leben bilden die Champs-Élysées den Rahmen für diese erste Liebe. Voll banger Erwartung blickt der Erzähler in die Richtung, aus der seine kleine Freundin auftauchen muß: »Plötzlich lichtete sich das Dunkel: Zwischen dem Kasperletheater und dem Zirkus, am heller werdenden Horizont, vor dem sich öffnenden Himmel, erkannte ich wie ein Wunderzeichen

Mademoiselles blaue Feder. Und schon lief auch Gilberte in Windeseile auf mich zu, strahlend und gerötet unter ihrer Polenmütze aus Pelz, von Kälte, von Wartenmüssen und vom Bedürfnis nach dem gewohnten Spiel animiert.« *(Auf der Suche nach der verlorenen Zeit. In Swanns Welt)* Nelly findet schnell heraus, daß Marcel beim Barlauf stets lieber in der Mannschaft ihrer Schwester spielt als in einer anderen. Und wenn das Wetter so schlecht ist, daß die Mutter ihm nicht erlaubt, nach draußen zu gehen, reagiert er trotzig und zornig, weil er Angst hat, Marie zu verpassen.

Marcel ist ein höflicher, feinsinniger Junge. Er friert leicht und ist seit den ersten Asthmaanfällen immer in warme Wollsachen eingepackt. Einmal fällt er hin und bricht sich das Nasenbein; der kleine Höcker, der zurückbleibt, macht ihn todunglücklich. Lieber als daß er spielt, rezitiert er für seine kleinen Freundinnen, aber auch für die Erwachsenen, die sie begleiten, aus klassischen Werken. Vermutlich dürfte er zu jener Zeit ziemlich genau dem Porträt entsprechen, das er vom Helden seines stark autobiographischen Romans *Jean Santeuil* gezeichnet hat. Mag er auch, sehr zum Verdruß seiner Mutter, mit ungekämmtem Haar herumlaufen, mag er auch seinen Freunden mit seiner sanften, weinerlichen Stimme, seiner affektierten Sprechweise auf die Nerven gehen, so sind sich doch alle über seine Intelligenz und Sensibilität und darüber, daß er die Erwachsenen für sich einzunehmen vermag, einig. Robert Dreyfus, ein ehemaliger Mitschüler, sagte einmal, die Champs-Élysées seien Prousts erster Salon gewesen, hier habe er sich dargestellt, hier habe er aber auch die anderen beobachtet. Der Park ist für ihn nicht nur Spielplatz und Ort der ersten großen Liebe, auf den Champs-Élysées kommt er auch zum erstenmal mit den Großen dieser Welt in Berührung: Er ist ganz aufgeregt, als er den Herzog d'Aumale und ein andermal Marschall Mac-Mahon und seine Frau erspäht. Später paßt er mit klopfendem Herzen eine Frau ab, die jeden Vormittag über die Champs-Élysées spaziert, bevor sie in ihrem Salon empfängt: Laure de Sade, die Gemahlin des Grafen de Chevigné, die als Vorbild für Oriane de Guermantes dienen wird.

Der Parc Monceau ist ebenfalls ein beliebter Spielplatz für den kleinen Marcel und seine Freunde. Im Winter

SEITE 122: »In der Schule saß ich während der Einuhrstunde vor Ungeduld und Langeweile vergehend in dem goldenen Schimmer, den die Sonne über mein Pult ergoß und der wie eine Einladung war zu einem Fest, bei dem ich erst um drei Uhr erscheinen konnte, bis zu dem Augenblick, wo Françoise mich am Ausgang abholen kam und wir uns (...) auf den Weg machten nach den Champs-Élysées.«

(In Swanns Welt)

steckt er sich, wie seine Spielkameraden auch, eine heiße Kartoffel in die Manteltasche, um sich die Hände daran zu wärmen, und er vergißt nie, der Stuhlvermieterin im Park seine Kartoffel zu schenken, bevor er nach Hause geht, ein früher Beweis für die Fürsorglichkeit den Dienstboten gegenüber (an die er, zum großen Leidwesen seines Vaters, großzügige Trinkgelder verteilt).

Ein Foto zeigt den 13jährigen Marcel neben der ein Jahr älteren Antoinette Faure; der Junge ist fasziniert von den schönen grauen Augen des Mädchens, denen lange Wimpern eine geheimnisvolle Tiefe verleihen. Auf langen Spaziergängen, vorbei an der Pyramide oder der Renaissancearkade, rezitiert er Gedichte für seine junge Freundin. Die korinthische Kolonnade am Rand des La Naumachie genannten Bassins (man nennt es so, weil in diesem Becken, wie einst im alten Rom, Seeschlachten vorgeführt wurden) stammt von der Abteikirche Saint-Denis.

LINKS: Marie de Benardaky, die erste große Liebe Marcel Prousts. Sie sind beide 15 Jahre alt. Ein Jahr darauf verbieten die Eltern ihren Kindern, sich weiterhin zu sehen. Marie wird später Fürst Michel Radziwill heiraten.

»(Swann) sagte zu Gilberte, sie dürfe ruhig noch eine Partie mit uns spielen, er werde gern ein Viertelstündchen warten, und während er sich ganz schlicht auf einen Eisenstuhl setzte, bezahlte er sein Billett mit jener Hand, die Philipp VII. so oft in der seinen gehalten hatte, während wir begannen, auf dem Rasen zu spielen (…).« *(In Swanns Welt)*

OBEN LINKS: Im Rahmen der Stadtsanierung sind von 1881 an öffentliche Toiletten in den Pariser Grünanlagen errichtet worden. Hinter einem Lorbeerboskett, nicht weit von einer solchen »Bedürfnisanstalt« entfernt, verspürt der Erzähler von *In Swanns Welt* beim Spielen mit Gilberte lustvolle Erregung.

OBEN RECHTS: Marcel Proust mit Antoinette Faure und einem Spielkameraden im Parc Monceau (die Aufnahme auf Seite 127 zeigt die Naumachie im Parc Monceau).

Angelegt wurde der Garten vom Maler und Schriftsteller Carmontelle für Philippe von Orléans, den späteren Philippe-Égalité. Antoinette Faure besitzt jenen englischen Almanach mit dem Titel *Confession, an Album to Record Thoughts, Feelings etc.*, der damals groß in Mode war: In den Salons wird den Gästen ein Fragebogen mit Fragen zur Person, zu Vorlieben und Abneigungen, Schwächen und Stärken vorgelegt. Proust entgeht der Befragung nicht. Auf die Frage »Ihre Vorstellung von Unglück?« antwortet er: »Von Mama getrennt zu sein«, und die Frage »Welche Schwäche verzeihen Sie am ehesten?« beantwortet er mit: »Das Privatleben eines Genies«.

Eine weitere Grünanlage, in der sich der junge Marcel Proust öfter aufhält, ist der Bois de Boulogne. Hier geht er, nach einem Besuch beim Großonkel mütterlicherseits, der in Auteuil wohnt, regelmäßig mit seinen Eltern spazieren. Der Pré Catelan erinnert ihn an den Garten seines Onkels Jules Amiot in Illiers, der den gleichen Namen trägt. Er geht auf den provenzalischen Troubadour Catelan zurück, der auf dem Weg zum Hof von Marie von Brabant, der zweiten Gemahlin Philippes II., in dem damals riesigen Wald von Banditen getötet wurde. Die Königin ließ an der Stelle, an der er den Tod fand, ein Kreuz errichten, das heute noch steht. Als er im Frühjahr 1881 mit den Eltern und der Familie des Medizinprofessors Duplay von einem dieser Spaziergänge im Bois de Boulogne zurückkehrt, erleidet Marcel Proust seinen ersten Erstickungsanfall, der so schwer ist, daß sein Vater in Panik gerät, weil er glaubt, der Sohn werde sterben. Jahre später erzählt er, er habe sich 110mal einer Verätzung der Nasenschleimhäute unterzogen, wodurch ein Festsetzen der Blütenpollen und damit die Auslösung eines neuerlichen Anfalls verhindert werden sollte. Von diesem Tag an besucht Marcel die Schule nur noch unregelmäßig. Statt dessen wird er zu Hause von seiner Mutter und von Privatlehrern unterrichtet. Auf diese Weise bleibt ihm viel Zeit für seine Spaziergänge durch die Parks und Grünanlagen der Stadt.

Als junger Mann zieht er sich gern allein in den Bois de Boulogne zurück, um am Wasser zu lesen, den Ruderern zuzuschauen oder die Radfahrer zu beobachten. Am 5. September 1888 schreibt er in einem Brief an seine Mutter, die sich mit seinem Bruder Robert zur Sommerfrische in Salies-de-Béarn aufhält: »Heute morgen aber bin ich früh aufgestanden und mit Loti im Bois gewesen. Oh! Meine kleine Mama, wie habe ich unrecht gehabt, es nicht schon längst getan zu haben; und wie oft werde ich es nun tun. Es begann gleich mit schönem Wetter; Sonne, Frische, kurz, ich lachte vor Freude, ganz allein; ich hatte Vergnügen zu atmen, zu fühlen, meine Gliedmaßen zu bewegen, wie damals in Tréport oder in jenem Jahr in Illiers, als ich Augustin Thierry las – und tausendmal mehr als während meiner Spaziergänge mit Robert. Und dann hat die *Hochzeit Lotis* dieses Wohlbefinden noch gesteigert – Wohlbefinden, als hätte ich Tee getrunken –, gelesen im Gras am kleinen See, der violett im Halbschatten lag, hernach hier und da Sonnenstrahlen, die sich herabstürzten und Wasser und Bäume funkeln ließen.« *(Briefe zum Leben)* Im Bois de Boulogne trifft er sich aber auch mit seinen Freunden, zum Beispiel Edgar Aubert und Willie Heath, zwei Menschen, die er »zwar nur kurze Zeit gekannt, aber geliebt habe«, und die er »von ganzem Herzen noch immer liebe« *(Briefe zum Werk)*, wie er 1893 Robert de Billy schrieb, der ihn mit dem aus Genf stammenden Edgar bekannt gemacht hatte. Aubert kehrt im Sommer 1892 in seine Schweizer Heimat zurück, wo er wenig später an einer Blinddarmentzündung stirbt. Im Frühjahr 1893 lernt Proust den jungen Engländer Willie Heath kennen, der nicht nur äußerlich viel mit Edgar gemein hat. Proust wird ihm das 1896 erschienene *Freuden und Tage* widmen. In dieser Widmung heißt es unter anderem: »Die alten Griechen gaben ihren Toten Kuchen, Milch und Wein mit. Verführt von einer zwar nicht weiseren, aber raffinierteren Illusion, bringen wir Ihnen Blumen und Bücher dar. (...) Ich selbst, lieber Freund, habe Sie nur während allzu kurzer Zeit gekannt. Am Vormittag traf ich

VORHERGEHENDE DOPPELSEITE: »An den Stellen, wo die Bäume noch ihren Laubschmuck trugen, schienen sie eine stoffliche Veränderung von der Linie an zu erfahren, wo die Sonne sie traf, horizontal am Morgen und dann noch einmal einige Stunden später, wenn sie im Augenblick der beginnenden Dämmerung sich wie eine Lampe entzündete und von fernher auf das Blätterwerk einen künstlichen, sengenden Lichtschein fallen ließ und die höchsten Spitzen eines Baumes (…) in Flammen zu setzen schien.« *(In Swanns Welt)*

Sie oft im Bois, wenn Sie mich erblickt hatten und unter den Bäumen auf mich warteten, aufrecht, aber entspannt, gleich einem jener Edelmänner, die van Dyck gemalt hat und deren nachdenkliche Eleganz auch Ihnen eigen war. (…) Mit erhobenem Finger, undurchdringlichen Augen, lächelnd vor dem Geheimnis, das Sie verschwiegen, sind Sie mir oft wie Leonardos Johannes der Täufer vorgekommen. Wir träumten damals davon, beinahe planten wir, immer inniger zusammenzuleben (…).« Willie Heath stirbt am 3. Oktober 1893 in Paris an Typhus. Die Gärten von Paris sind für Marcel Proust Orte der unerfüllten Liebe.

Der Bois de Boulogne ist für die Pariser binnen kurzer Zeit eine Art öffentlicher Freiluftsalon geworden, eine Ergänzung zu den privaten Salons. Alphand, der Ingenieur, der unter Präfekt Haussmann bereits für den Ausbau der Champs-Élysées verantwortlich zeichnete, hat breite, mit viel Sand aufgeschüttete Wege anlegen lassen. Vornehme Kaleschen rollen über die Allée des Acacias, und die feine

Gesellschaft gibt sich ein Stelldichein in den schicken Restaurants im Parc de Bagatelle, im Pré Catelan oder im Pavillon d'Armenonville. 1852, als der Forst vom staatlichen in städtischen Besitz überging, schuf die Stadt Paris ein Wegenetz von 95 Kilometern Länge und ließ zwei Seen anlegen. Zu erreichen ist der neue Park über die Avenue de l'Impératrice, die 1875 in Avenue du Bois umgetauft wird, sowie durch 17 Tore mit goldfarbenen Gittern. Auf der im großen See gelegenen Île du Bois, auch Île des Cygnes genannt, gibt es ein Restaurant, das Chalet des Îles, das nur mit einer kleinen Fähre zu erreichen ist und sich aufgrund seiner reizvollen Lage besonderer Beliebtheit erfreut. Fürstin de Sagan und Madeleine Lemaire geben dort Feste, zu denen auch Proust geladen wird. Der Jardin d'Acclimatation im Norden des Bois de Boulogne wartet seit 1860 mit exotischen Raritäten auf – Tieren, Pflanzen, ja manchmal sogar Menschen aus fernen Ländern –, die man besichtigen kann, bevor man zum Essen ins Restaurant geht. Irgendwann im Jahr 1895 beobachten Proust und Reynaldo Hahn hier Tauben, deren weiße Brust ein roter Fleck ziert. Das Bild läßt Marcel Proust nicht mehr los. 1913 erwägt er, dem zweiten Band seines Romanzyklus' den Titel *Die erdolchten Tauben* zu geben, entscheidet sich dann aber doch für *Im Schatten junger Mädchenblüte* und *Die Welt der Guermantes.*

Alle diese nach dem Vorbild englischer Parks entstandenen Grünanlagen haben mit den vom Gartenarchitekten Le Nôtre im 17. Jahrhundert geschaffenen Repräsentationsgärten, deren Gestaltung streng auf Trennung von der

SEITE 130 OBEN: Im Bois de Boulogne

SEITE 130 UNTEN: Jean Béraud, *Das Chalet du cycle im Bois de Boulogne um 1900.* Hier findet man das Motiv der jungen Mädchen wieder, die ihre Fahrräder über die Deichpromenade in Balbec schieben.

LINKS: »Man mußte sich sagen, daß die Boote heute nicht mehr ausfahren würden; nebeneinander liegend wie Vögel, die sich zum Schlafen nicht ans Land begeben, sondern auf dem Wasser schaukelnd den Kopf unter die Flügel stecken, versanken sie im abendlichen Dunkel, das sie allmählich vollkommen in sich einbezog.« *(Jean Santeuil)*

Willie Heath, fotografiert von Paul Nadar am 28. Juni 1893, drei Monate vor seinem Tod. »Ihr Leben, so wie Sie es gewollt hätten, sollte eines jener großen Werke sein, die einer hohen Inspiration bedürfen. Wie vom Glauben oder vom Genie, können wir diese von der Liebe empfangen. Aber Ihnen sollte der Tod sie geben.« *(Freuden und Tage)*

natürlichen Umgebung, auf Symmetrie und perspektivische Erweiterung angelegt war, nichts mehr gemein. Hier ist man vielmehr dazu übergegangen, gleichsam eine Reihe verschiedener Bilder zu komponieren, die im Spaziergänger die unterschiedlichsten Empfindungen hervorrufen und ihn animieren sollen, auf jedem Schritt seine eigenen Entdeckungen zu machen. »Der Bois de Boulogne«, analysiert der Erzähler von *In Swanns Welt*, »war für mich etwas wie die zoologischen Gärten, in denen man in verschiedenartigen Landschaftsausschnitten die Flora fremder Gegenden sieht, wo man erst auf eine Grotte, dann eine Wiese, auf Felder, einen Fluß, einen Graben, einen Hügel, einen Sumpf stößt, aber weiß, daß sie nur da sind, um für das gewohnte Treiben von Flußpferden, Zebras, Krokodilen, Schneehasen, Bären oder Reihern den geeigneten Schauplatz oder einen malerischen Rahmen abzugeben; der Bois selbst, in seiner komplexen Vereinigung verschiedener kleiner Welten war der Park der Frauen.«

Sind die Champs-Élysées der Ort erster kindlicher Liebe, so ist der Bois de Boulogne in Prousts Werk der bevorzugte Ort der Liebe unter Erwachsenen, verkörpert

Armenonville im Bois de Boulogne. »Im Bois gibt es ein Restaurant, wo ich kürzlich zu Mittag gegessen habe, bezaubernd. Schon lange, bevor man ankommt, wird man von Bäumen empfangen, die auseinandertreten, um Sie durchzulassen (…). Und davor ist der See, über dessen Wasser eine Trauerweide unaufhörlich ihre Zweige schüttelt.«
(Essays, Chroniken und andere Schriften)

Das Lustschlößchen Bagatelle im Bois de Boulogne entstand aufgrund einer Wette, die der Graf d'Artois mit Königin Marie-Antoinette, seiner Schwägerin, abgeschlossen hatte: Er wettete, daß es ihm gelingen würde, in zwei Monaten ein Schloß zu errichten. Er gewann die Wette. Zahlreiche Skulpturen, Gartenhäuschen und ähnliches schmückten den englischen Park, den er anlegen ließ.

durch Madame Swann, die sich in ihrem Zweispänner auf der Allée des Acacias bewundern läßt und im Juni das Blumenfest besucht, während ihr Mann sein Vergnügen abends auf der Insel im großen See sucht.

Im Sommer 1891 ist Marcel Proust häufig im feinen Tennisclub am Boulevard Bineau in Neuilly anzutreffen. Begleitet wird er von Gaston Arman de Caillavet, der später Journalist beim *Figaro* werden sollte, und der hübschen Jeanne Pouquet, Gastons zukünftiger Frau. Da Proust wegen seines Asthmas nicht spielen kann, setzt er sich zu den Mädchen unter einen Baum. Man nennt die kleine Gruppe im Freundeskreis die »Klatschrunde«. Proust kümmert sich um Getränke und Gebäck; im Café nebenan kauft er Bier und Limonade, und wenn er vollbeladen zurückkommt und die Gläser versehentlich von einem verirrten Tennisball getroffen werden, schimpft er laut.

In besonders heißen Sommern zieht die Familie Proust nach Auteuil, in das Haus von Jeanne Prousts Onkel Louis Weil, zu dem die Nichte ein inniges Verhältnis hat. Dort, in der Rue La Fontaine 96, kommt Marcel Proust am 10. Juli 1871 zur Welt, nur wenige Monate nach dem Fall von Paris und nur wenige Wochen nach der blutigen Niederwerfung der Kommune. Auteuil, das seit dem 1. Januar 1860 zu Paris gehört, ist eine ländliche Gegend, und die Villen sind von großen Gärten umgeben, auch jene, die der Onkel von der Schauspielerin Eugénie Doche (sie brachte die *Kameliendame* auf die Bühne) gekauft hat. Der junge Proust legt den Weg vom 8. Arrondissement nach Auteuil häufig zurück. Meist steigt er in der Gare Saint-Lazare in den Zug (manchmal in einen Waggon dritter statt der gewohnten ersten Klasse, um mit Gleichaltrigen zusammenzusein). Das Haus seines Großonkels liegt

Der Eingang des Bagatelle.
»Ich bin das Zentrum der Dinge, und ein jedes vermittelt mir großartige oder melancholische Empfindungen und Gefühle, die ich genieße.
Ich habe prächtige Visionen vor Augen.«
(Essays, Chroniken und andere Schriften)

nicht weit vom Ringbahnhof in Auteuil entfernt, dennoch ist Marcel ungehalten, weil Louis sich sein Coupé für persönliche Zwecke vorbehält und ihn nicht abholen läßt. Zuweilen nimmt er auch den Omnibus, der an der Kirche Sainte-Madeleine abfährt. In Auteuil angekommen, geht er durch die Rue La Fontaine, über der der Duft der Linden schwebt und wo man schon von weitem die Enkel von Moïse Baruch Weil, Louis' Bruder, im schattigen Garten spielen hört. Während ihr Sohn zu einem Rundgang durch den nahen Bois de Boulogne aufbricht, steigt Jeanne Proust am Point du Jour in einen der kleinen Seinedampfer, um einen Besuch im Louvre zu machen. Louis Weil stirbt 1896; sein Haus wird zehn Monate später verkauft. Doch da hat Marcel Proust die Gärten der ersten Liebe bereits verlassen und neue betreten: die der Freundschaft.

Sooft es ihm möglich ist, nimmt er Einladungen an, die ihn aus der Stadt hinausführen. Als Gymnasiast ist er zu Gast bei den Familien seiner Klassenkameraden, er weilt in Chantilly, in Isle-Adam bei der Großmutter von Édouard Joyant, Madame Duchauffour, deren zweitälteste Tochter durch ihre Heirat Eigentümerin des Château Conti geworden ist, oder in Le Plessis-Picard unweit von Melun. In späteren Jahren, als die Krankheit seine Bewegungsfreiheit stark einschränkt, stellen diese Einladungen in die Region um Paris eine willkommene Abwechslung dar: Er hat einen Ausflug aufs Land gemacht und kann doch jeden Abend im eigenen Bett schlafen, was schon sein Großonkel Louis zu schätzen wußte. Die blasse Sonne an einem Frühlingsmorgen zu sehen, während »der Kutscher die Anweisungen für die Spazierfahrt entgegennahm«, sei das Glück der »gesegneten Morgenstunden« gewesen, die

RECHTS OBEN: Marcel Proust 1892 im Tennisclub am Boulevard Bineau, vor Jeanne Pouquet kniend. Links Gabriel Trarieux, ein Studienkamerad Prousts an der École des Sciences politiques, Mitherausgeber der Zeitschriften *Le Mensuel* und *Le Banquet* und zukünftiger Diplomat. Vor ihm, mit Kreissäge, Jeannes Bruder Pierre; am rechten Bildrand Gabrielle Schwartz, zukünftige Gattin des späteren Ministers Klotz. Jeanne Pouquet wird ein Jahr später Gaston Arman de Caillavet heiraten, den Sohn von Léontine Arman de Caillavet, der Muse von Anatole France.

RECHTS UNTEN: Picknick im Grünen. In der Mitte mit Canotier Marcel Proust, daneben Grosclaude, davor Élisabeth Fould; am rechten Bildrand Louis Ganderax; am Tisch sitzend Adrien Proust

»in den harten Stein unserer Tage gegraben« *(Gegen Sainte-Beuve)* waren, wird er rückblickend über diese Zeit urteilen.

Im August 1894 erhalten Proust und Reynaldo Hahn eine Einladung von Madeleine Lemaire in ihr Schloß nach Réveillon im Departement Seine-et-Marne (zwischen La Ferté-Gaucher und Sézanne). Die Freunde bleiben einen Monat dort und fahren im darauffolgenden Herbst ein zweites Mal dorthin. Die Zeit in dem von Blumen-, Obstgärten und Wäldern umgebenen Schloß sei bezaubernd gewesen, gesteht Proust später seiner Haushälterin Céleste Albaret. Morgens liest oder schreibt er, während Reynaldo singt. Nach dem Essen, das sie in dem mit üppigem Blumenschmuck dekorierten Eßzimmer einnehmen, unternehmen sie lange Spaziergänge durch Wiesen und Felder, auf denen Apfelbäume stehen, Weißdornhecken undurchdringliche Barrieren bilden und die roten Blüten des Klatschmohns farbige Akzente setzen. Proust nimmt begierig Eindrücke auf, Ideen für seine Arbeit, die ihm nur so zuströmen. »Dennoch tat es wohl, wenn man zu frieren und Hunger zu verspüren begann, das Dorf wieder zu durchqueren, hinter den Parkbäumen schon die Lampen im Salon und im Eßzimmer schimmern zu sehen, sich in der Phantasie bereits die Genüsse auszumalen, die einen erwarteten und denen man sich dort zwei Minuten später bereits widmen könnte, und in Gedanken schon unter der Lampe bei der warmen Suppe zu sitzen, die einem aufgetan und die man sich schmecken lassen würde.« *(Jean Santeuil)* An heißen Tagen halten sie sich im Garten auf, wo Rosen in allen Farben, von weiß bis violett, blühen. Die jungen Männer und Madeleine strecken sich im Gras aus; Tauben lassen sich zwischen ihnen nieder. Marcel Proust schreibt ein Gedicht für seine Gastgeberin und schlendert mit Suzette, ihrer Tochter, die er mit Schmeicheleien und zärtlichen Worten überhäuft, durch den Park. Reynaldo Hahn erzählt später in seiner *Hommage à Marcel Proust* (*Nouvelle Revue Française,* Januar 1923) eine Anekdote über diesen Aufenthalt in Réveillon, die viel aussagt über die Art und Weise, wie Proust schon damals seine Umgebung betrachtete, und über sein Bedürfnis, diese Beobachtungen in der Stille zu vollziehen: »Wir kamen an einem Beet Bengalrosen vorbei, als er plötzlich stehenblieb und verstummte. Ich blieb ebenfalls stehen, aber da ging er schon weiter, und ich folgte ihm. Nach ein paar Schritten hielt er abermals inne

Die Grotte am Großen Wasserfall im Bois de Boulogne

und sagte mit seiner gewohnt kindlich sanften, ein wenig traurigen Stimme: ›Würde es Ihnen etwas ausmachen, wenn ich ein Stück zurückbliebe? Ich würde mir diese Rosen gern noch einmal ansehen.‹ Ich ging weiter. An der nächsten Wegbiegung drehte ich mich um und sah, daß Marcel zu den Rosen zurückgegangen war. Als ich meinen Rundgang um das Schloß beendet hatte, stand er noch immer an der gleichen Stelle, in den Anblick der Rosen versunken. Ich spürte, daß er mich kommen hörte, daß er mich sah, aber weder sprechen noch sich rühren wollte. Also ging ich wortlos vorbei. Eine Minute verstrich, dann rief er mich.« Solche Vorfälle wiederholen sich auf den Spaziergängen. Immer wieder gibt es Momente, in denen Proust sich gleichsam in einem Zustand der Trance befindet, weil er sich ganz darauf konzentriert, sich ins Gedächtnis zurückzurufen, wie er diese Blume, diesen Baum, diesen Gegenstand zum erstenmal wahrgenommen hat. Das Mysterium der Realität nimmt ihn völlig gefangen. »Seiner Beobachtungsgabe entging nichts«, sagt Céleste Albaret über ihn. »Er täuschte sich nie.« *(Monsieur Proust)* Diese ungewöhnliche Beobachtungsgabe zeichnete schon das Kind Marcel aus. Sein körperliches Handicap – das Asthma, das ihn hinderte, seinen Bewegungsdrang auszuleben – glich er durch die Fähigkeit zu sehen und durch geistige Beweglichkeit aus.

Als 1896 *Freuden und Tage* erscheint, das mit Aquarellen von Madeleine Lemaire illustriert ist, überlegt Proust zunächst, ihm den Titel *Das Schloß von Réveillon* zu geben. Und in *Jean Santeuil* wird der Titelheld von seinem Freund Henri de Réveillon auf ein Schloß eingeladen, das dem Landsitz von Madeleine Lemaire ähnelt, allerdings auch Elemente anderer Villen, insbesondere des Schlosses von Segrez, in sich vereint. Die Episode mit dem Rosenstock hat Proust übrigens auch in *Jean Santeuil* aufgenommen.

Pierre Lavallée ist seit ihrer gemeinsamen Schulzeit im Lycée Condorcet, wo sie sich zusammen in Rhetorik auf das Abitur vorbereiteten und Prousts Aufsätze stets die Bewunderung seiner Klassenkameraden erregten, mit Marcel Proust befreundet. Lavallée, ein musischer Mensch, ist Musikliebhaber und teilt die literarischen und künstlerischen Neigungen des Freundes. Der spätere Konservator der Bibliothek und des Museums der École des Beaux-Arts und der künftige Schriftsteller führen lange

Gespräche über Musik, Malerei und Religion. Bis zum Jahr 1900 sehen sie sich fast täglich. 1856 erwarb die Familie Lavallée das Château de Segrez in Saint-Sulpice-de-Favières, einem Dorf im Departement Seine-et-Oise, das bekannt ist wegen seiner aus dem 13. und 14. Jahrhundert stammenden Kirche. Das Schloß, in dem Voltaire geweilt haben soll, gehörte dem Comte d'Argenson, einem Minister Ludwigs XV. Im Frühjahr 1895 folgt Proust einer Einladung seines Freundes nach Segrez, muß den Aufenthalt jedoch wegen eines Asthmaanfalls vorzeitig abbrechen. Dennoch wird er Eindrücke von Segrez in seinem Werk verarbeiten: die alten, noch unter d'Argenson gepflanzten Eichen, die exotischen Bäume, die Pierres Vater setzen ließ, der von der wärmenden Sonne umfangene Hühnerhof, aus dem die Eier geholt werden und wo der Pfau in

seiner »sagenhaften Pracht« *(Freuden und Tage)* einherschreitet. Für Proust ist Zuneigung keine Frage der Zeit: ein einziger, kurzer Aufenthalt – wie der in Segrez – kann einen nachhaltigeren Eindruck hinterlassen, sich tiefer ins Gedächtnis einprägen als ein Ort, den er viele Male besucht hat.

Im Oktober 1896 fährt Proust nach Fontainebleau, wo er arbeiten und zugleich von der guten Landluft profitieren möchte. In der ersten Nacht im Hôtel de France et d'Angleterre überkommt ihn eine solche Angst, weil er allein und fern der Mutter ist, daß er gleich am nächsten Morgen bei dem Bäcker gegenüber der elterlichen Wohnung, die noch nicht über Telefon verfügt, anruft. Jeanne Proust ruft von einem Postamt aus zurück. Der Klang ihrer Stimme, der vertrauten, geliebten, durch den Appa-

SEITE 138: Das Landhaus von Madeleine Lemaire in Réveillon im Departement Seine-et-Marne

LINKS UNTEN: Illustration von Madeleine Lemaire für Prousts *Freuden und Tage.* Das Bild trägt den Titel *Ein elegantes Diner.* Marcel Proust schaut den Betrachter an. Die Luxusausgabe, die viermal mehr kostet als normalerweise ein Buch, verkauft sich trotz ihrer künstlerischen Qualität nur zögernd. Der Verlag Calmann-Lévy legt zu Lebzeiten Prousts 329 Exemplare auf, einschließlich jener, die der Schriftsteller seinen Freunden schenkt.

LINKS OBEN: Rosenstöcke in Réveillon. »Das Vergnügen, das Jean nun genoß, wohnte ebensosehr in ihm selbst wie in dem Rosenstrauch. Henri spürte es und entfernte sich von ihm, um ihn ganz sich selbst zu überlassen, damit er desto besser in seinem Innern suchen könne, was in diesem Duft lag.« *(Jean Santeuil)*

Der Park in Segrez. Der Fluß leuchtet »im Widerschein eines zarten blauen und lebendigen Himmels, der sich bis in die Tiefe darin brüstete. (...) es war ein starker und glutvoller Himmel. Graue, blaue und rosafarbene Wolken glitten über seinen zärtlichen, lachenden Azur, nicht die Schatten der gedankenvollen Wolken, sondern die leuchtenden, schlüpfrigen Flossen eines Barsches, eines Aals oder eines Stintes.« *(Freuden und Tage)*

rat verfremdeten Stimme, wird Proust ein Leben lang in Erinnerung bleiben, so unverhüllt spiegelt sich darin der Kummer über den Tod ihres Vaters und ihres Onkels, die in diesem Jahr im Abstand von wenigen Wochen verstorben sind. Zutiefst erschüttert zeichnet ihr Sohn die Emotionen, die er in diesem Augenblick empfindet, auf; die Episode wird Eingang in sein Werk, etwa in *Jean Santeuil*, finden. Da er sich in einem fremden Zimmer unbehaglich fühlt und es eine gewisse Zeit dauert, bis er sich eingewöhnt hat, findet er nachts nur wenig Schlaf. Manchmal steht er wieder auf und unternimmt mit Léon Daudet, dem ebenfalls schriftstellernden Sohn von Alphonse Daudet, eine Kutschfahrt durch die sternenklare Nacht. Während dieses Aufenthalts kommt Marcel Proust eindringlich zu Bewußtsein, daß jede Ortsveränderung eine Belastung für ihn darstellt und daß er der Gewohnheit, der Rituale des Alltags bedarf, will er sich seine seelische Gesundheit erhalten. Von da an wird sich sein ganzes Leben zwischen zwei Polen abspielen: hier das Verlangen, die Welt zu entdecken, dort die übermenschliche Kraftanstrengung, die ihn die Befriedigung dieses Verlangens kostet.

1914 erleidet er auf der Rückfahrt von Cabourg einen entsetzlichen Erstickungsanfall. Es wird dies seine letzte

Das Schloß von Segrez. »Jean (hatte) nichts Ermüdenderes zu tun, als vor dem Abendessen durch die Felder zu streifen oder am Morgen mit der Herzogin zum Hühnerfüttern zu gehen. Dennoch war dieses Leben, so müßig es war, offenbar recht gut, da Jean sich, wie man sieht, dabei so glücklich befand, glücklicher ganz gewiß als in Paris unter Leuten von Distinktion und jenen geistreichen Frauen (…).« *(Jean Santeuil)*

OBEN: Das Zimmer von Marcel Proust in der Wohnung am Boulevard Haussmann, nachgebildet für den Film *Marcel Proust: A Writer's Life.* Die Möbel (außer dem Bett) und anderen Gegenstände stammen aus dem Besitz des Schriftstellers.

RECHTS: Marcel Proust vor dem Jeu de Paume, wo er die Ausstellung holländischer Meister besucht hat. An jenem Tag entstanden drei Aufnahmen, die letzten von Proust.

SEITE 143: »›Wie viele schöne Dinge habe ich doch in meinem Leben gesehen.‹«

(Die Entflohene)

Reise gewesen sein. Er macht zwar Pläne, verwirft sie aber wieder. Er zieht sich zurück, in das Zimmer in Paris mit Blick auf eine efeuüberwucherte Mauer, und arbeitet an seinem Romanzyklus *Auf der Suche nach der verlorenen Zeit.* Seinen Telefonanschluß hat er gekündigt. Zahlreiche Freunde sind im Krieg gefallen; mit jenen, die zurückgekommen sind, trifft er sich gelegentlich. Auch neue Bekanntschaften schließt er, und im Ritz gibt er hin und wieder ein Diner. Einmal ist das Verlangen nach dem Anblick blühender Apfelbäume so groß, daß er Odilon Albaret bittet, ihn aufs Land hinaus zu fahren. Als sie im Morgengrauen in Rueil ankommen, werden sie von den Einheimischen für Mitglieder einer Bande gehalten, die in der Gegend ihr Unwesen treibt. Ein andermal verläßt er im Nachthemd, seinen Pelzmantel über die Schultern geworfen, das Haus, weil er sich unbedingt ein bestimmtes Portal von Notre-Dame noch einmal ansehen möchte.

1919 verkauft seine Tante das Haus am Boulevard Haussmann an das Bankhaus Varin-Bernier. Auf der Suche nach einer neuen Wohnung nimmt Proust das Angebot der Schauspielerin Réjane an, in ihr Haus in der Rue Laurent-Pichat im 16. Arrondissement zu ziehen. Dort ist die Wohnung ihrer Tochter, die sich in Amerika aufhält, für ein paar Monate frei. In der Rue Hamelin 44 findet Céleste Albaret schließlich ein Appartement, das Proust zusagt. Im Dezember desselben Jahres wird der 48jährige für *Im Schatten junger Mädchenblüte* mit dem Prix Goncourt ausgezeichnet, mit sechs gegen vier Stimmen für *Die hölzernen Kreuze* von Roland Dorgelès. 1920 wird Proust zum Ritter der Ehrenlegion ernannt. Im darauffolgenden Jahr besucht er in Begleitung seines Freundes Jean-Louis Vaudoyer die Ausstellung holländischer Meister im Jeu de Paume sowie die Ingres-Ausstellung. Die Arbeit an *Sodom und Gomorra, Die Gefangene, Die Entflohene* und *Die wiedergefundene Zeit* hat er weitgehend abgeschlossen; er feilt aber weiter am Text, während er die Maschinenabschrift des Manuskripts durchsieht. »Sie werden sehen, liebe Céleste, wenn ich das Wort ›Ende‹ geschrieben habe, fahren wir in den Süden. Wir werden uns erholen, wir werden Ferien machen. Wir haben es beide bitter nötig (...)« (Céleste Albaret, *Monsieur Proust*). Er hat nicht aufgehört, von Spaziergängen zu träumen. Im Oktober 1922 bekommt er eine Lungenentzündung, die eine Blutvergiftung nach sich zieht. Er stirbt am 18. November im Alter von 51 Jahren. Sein Bruder Robert kümmert sich um die weitere Veröffentlichung seines Werkes. 1910 hatte Marcel Proust einem Brief an Reynaldo Hahn zwei Skizzen beigefügt: die eine zeigt einen Friedhof, auf dem alle seine Freunde um sein Grab versammelt sind, die zweite stellt eine Glasmalerei dar mit einem Grab, das mit Blumen, Bäumen und Weißdornsträuchern bepflanzt ist, jenen Schmuckstücken der Natur, denen seine besondere Liebe galt auf seinen Spaziergängen.

Kleiner Reiseführer

(...) Wir empfinden den ganzen Roman als eine Art riesige Verlängerung, die sich der Realität anpaßt, und wir begreifen, daß die Realität für den Dichter etwas ganz anderes war als für die anderen (...)

(Essays, Chroniken und andere Schriften)

Das Leben eines Schriftstellers unterscheide sich nicht von dem jedes anderen Menschen, stellt Proust in *Gegen Sainte-Beuve* fest: Der eine wie der andere fährt ins Grüne, unternimmt Reisen. Der Unterschied liege vielmehr in den Orten, die sie besuchten, denn die Realität sei etwas Besonderes für sie, sie wirke gleichsam als Katalysator des Mysteriums, das sie in Worte zu kleiden versuchen. Das sei der Grund, weshalb wir den Wunsch verspürten, jene Stadt, jene Landschaft, jene Kunstwerke wiederzusehen. Durch die Augen eines anderen zu sehen schärft den Blick; das wußte bereits Marcel Proust, und so begab er sich nach der Lektüre der Werke John Ruskins auf Spurensuche. In *Nachgeahmtes und Vermischtes* warnt er den Leser allerdings: »Die Hinweise, die Schriftsteller uns in ihren Werken auf die Orte geben, welche sie gern hatten, sind oft so vage, daß unsere Versuche von Wallfahrten dorthin etwas Unbestimmtes und Zögerndes an sich haben, als hätten wir Angst, sie seien trügerisch. Wie jene Person bei Edmond de Goncourt, die ein von keinem Kreuz bezeichnetes Grab sucht, sind wir darauf angewiesen, unsere Andacht ›auf gut Glück‹ zu verrichten.« Wer zu den Proustschen Stätten wallfahrt, wird Orte entdecken, irgendwo auf dem Land oder am Meer, die unverkennbar von seiner Gegenwart durchdrungen sind, und andere, wo es angebracht ist, sich von ihr zu befreien, um dem eigenen ästhetischen Empfinden Raum zur Entfaltung zu verschaffen.

Spaziergänge in und um Illiers-Combray

• Musée Marcel Proust – »Maison de tante Léonie«
4, rue du Docteur-Proust
(vormals Rue du Saint-Esprit)
Tel.: 00 33/2/37 24 30 97
Führungen täglich 14.30 und 16.00 Uhr, samstags nach Vereinbarung

• Société des amis de Marcel Proust et des amis de Combray
4, rue du Docteur-Proust
Tel.: 00 33/2/37 24 30 97
Fax: 00 33/2/37 24 13 78
Der *Journée des Aubépines* (Weißdorntag) findet alljährlich Ende Mai statt.

Illiers-Combray, das heute 3500 Einwohner zählt, liegt knapp zwei Autostunden von Paris entfernt im Departement Eure-et-Loir. Am 29. Juni 1971 faßte die Gemeinde den Beschluß, den ursprünglichen Namen des Dorfes, in dem Marcel Proust als Kind oft die Ferien verbrachte, Illiers, um denjenigen zu erweitern, den der Schriftsteller ihm in seinem Romanzyklus *Auf der Suche nach der verlorenen Zeit* verliehen hat: Combray. Am 4. Juli 1971 erhielten verschiedene Straßen auf Veranlassung des Bürgermeisters ihre alten, in Prousts Werk verwendeten Namen wieder, so zum Beispiel die Rue de l'Oiseau.

Der Ort, genauer gesagt das Haus von Prousts Onkel Jules Amiot und dessen Frau Élisabeth, ist heute Sitz der **Société des amis de Marcel Proust et des amis de Combray**. Ziel der am 23. Mai 1947 von Philibert-Louis Larcher (1881–1973), einem pensionierten Beamten aus Illiers, gegründeten Gesellschaft war zunächst die Erhaltung der Stätten, die in irgendeinem Bezug zu Proust standen. Am 9. September 1955 wird die Gesellschaft als gemeinnütziger Verein anerkannt. Auch Suzy Mante-Proust, einzige Nichte des Schriftstellers, gehörte ihm an. Vordringlichste Aufgabe in den ersten Jahren war die Erhaltung des Pré Catelan, der 1946 vom Ministère de l'Éducation nationale zur literaturgeschichtlich bedeutsamen Stätte erklärt wurde. Als in den fünfziger Jahren eine Steuerbehörde in das Haus der Amiots einziehen wollte, beschlossen Suzy Mante-Proust und Germaine Amiot, die Enkelin von Jules und Élisabeth, das Gebäude zu erwerben und der Société des amis de Marcel Proust et des amis de Combray zu schenken. 1961 wurde das Haus, in dem Marcel als Kind so oft zu Besuch war, als historisches Baudenkmal eingestuft. Elf Jahre später wurde dort das **Musée Marcel Proust – »Maison de tante Léonie«** eingeweiht.

Wer möchte, kann seinen Rundgang durch Illiers-Combray mit einem Besuch des Museums, des »Hauses von Tante Léonie« (benannt nach der Tante des Erzählers in *Auf der Suche nach der verlorenen Zeit*), beginnen, am besten in der Orangerie, um die der ursprüngliche Garten 1896 erweitert wurde und wo man sich in Korbsesseln von damals einen Vortrag anhören und dabei die Fotografien von Paul Nadar bewundern kann, die jene Personen zeigen,

Illiers-Combray, Eßzimmer im »Haus von Tante Léonie«

die in Prousts Leben eine wichtige Rolle spielten. Das Innere des Hauses ist von Philibert-Louis Larcher anhand der detaillierten Beschreibungen Prousts in *Auf der Suche nach der verlorenen Zeit* mit großer Sorgfalt und so authentisch wie möglich rekonstruiert worden; die weitgehend originalgetreue Nachbildung der Inneneinrichtung ist im wesentlichen das Verdienst von Germaine Amiot. Manches mag zwar nicht den damaligen Verhältnissen entsprechen – so hatte der kleine Marcel, der mit seinem Bruder hierherkam und hier einige Cousins hatte, sicher kein Zimmer für sich allein –, aber die Atmosphäre der Küche, des Eßzimmers, des Treppenhauses, des kleinen orientalischen Salons von Jules Amiot vermittelt eine gute Vorstellung davon, wie der Alltag des zukünftigen Schriftstellers ausgesehen haben mochte. In einem anderen Gebäude im Garten, wo der Besucher Werke von und über Marcel

Proust kaufen kann und wo regelmäßig Ausstellungen über Proust und Illiers-Combray (Gemälde, Fotografien und anderes mehr) gezeigt werden, wollen wir unseren Besuch im Musée Marcel Proust beschließen. Es sei noch darauf hingewiesen, daß Odile Gévaudan, die 1994 verstorbene Tochter von Prousts letzter Haushälterin Céleste Albaret, dem Museum zahlreiche Möbel aus dem Besitz des Schriftstellers vermacht hat. Um diese Stücke zu integrieren, wurden Umgestaltungsmaßnahmen vorgenommen.

Von hier aus kann sich ein Spaziergang zur **Kirche Saint-Jacques** am Dorfplatz anschließen. Die Gasse gegenüber vom Portal führt zum **Geburtshaus von Doktor Adrien Proust**. Auf Marcel Prousts Bitte hin schuf Marie Nordlinger ein Bronzebildnis des Vaters, das erst sein Grab zierte und dann über dem Eingang seines Geburtshauses angebracht wurde, wo es heute noch zu besichtigen ist. Von der Rue des Lavoirs aus kann man die **Ruinen des Schlosses** mit dem rechteckigen Turm, der früher das Fallgatter trug, und ein Stück weiter einen runden Turm sehen. Wer möchte, überquert sodann den Loir auf der Grand' Planche – Pont Vieux in *Auf der Suche nach der verlorenen Zeit* –, wendet sich am anderen Ufer nach rechts und gelangt alsbald zum Eingang des **Pré Catelan**, der heute ein der Allgemeinheit zugänglicher Park ist. Links vom Eingang beginnt der **Weißdornpfad**. Der Rückweg führt über die ehemalige Rue des Vierges, heute Rue de Tansonville, von wo aus man den Kirchturm sehen kann, über den Pont Saint-Hilaire und die gleichnamige Straße bis zur Place Lemoine, an die der Garten des Musée Marcel Proust angrenzt.

Bäckerei in Illiers-Combray

Illiers-Combray, Glockenturm der Kirche Saint-Jacques

Gegenüber dem Portal der Kirche Saint-Jacques, gleich neben dem Haus, in dem sich früher der Laden von Marcel Prousts Großvater befand, kann man sich im **Restaurant Le Florent** (gegründet 1992) mit einer Proustschen Mahlzeit stärken. Der aus Illiers stammende Hervé Priolet verwöhnt seine Gäste mit Rindfleisch in Aspik, Spargel mit verschiedenen Saucen, Seezungenfilet auf normannische Art und Schokoladencreme, wie der Vater des Schriftstellers sie mochte. Passende Zitate aus Proustschen Werken begleiten jedes Gericht auf der Speisekarte. Im Restaurant kann man auch kleine Madeleines kaufen, die täglich frisch hergestellt werden. Oder aber man wirft einen Blick in die beiden **Konditoreien** des Ortes, die neben anderen Köstlichkeiten auch die muschelförmigen Madeleines anbieten, deren Form an die Jakobsmuscheln der Pilger des Mittelalters erinnert. Wer die Proustsche Madeleine kostet, sollte in jedem Fall die Passagen (in *Swanns Welt* und *Die wiedergefundene Zeit*) nachlesen, in denen rückblickend die überwältigenden Empfindungen beim Verzehr einer in den großväterlichen Lindenblütentee getunkten Madeleine beschrieben werden. Ausgelöst wird die Erinnerung daran vom Genuß eines in Tee getauchten Zwiebacks, den die Haushälterin an einem Wintertag serviert. Dieses Erlebnis diente als Ausgangspunkt für die Madeleine-Episode, die das Sandgebäck zum wohl berühmtesten Gegenstand der französischen Literatur gemacht hat. Waren dann aber die berühmten Madeleines in Wahrheit nur Zwieback?

Wer das Museum und das Dorf besichtigt hat, kann ins Auto steigen und sich in der umliegenden Gegend die ver-

- **Le Florent**
  13, place du Marché
  Tel.: 00 33/2/37 24 10 43
  Sonntag abends und montags geschlossen, außer an Feiertagen

- **Pâtisserie Mazurier**
  19, place du Marché
  Tel.: 00 33/2/37 24 03 96

- **Pâtisserie Védie**
  8, rue Léon Ferre
  Tel.: 00 33/2/37 24 02 27

• **Institut Marcel Proust international**
4, rue du Docteur-Proust
Tel.: 00 33/2/37 24 30 97

Seite 149: Die Kirche von Illiers-Combray und der Loir

Der Landsitz Tansonville

schiedenen Orte ansehen, die Prousts Phantasie angeregt haben.

Der **Landsitz Tansonville** südlich von Illiers-Combray ist das Vorbild für Swanns Herrenhaus gewesen. Von dem weißen Gartentor bis zum Haus leuchtet eine grüne, von kunstvoll beschnittenen Bäumen und Büschen gesäumte Rasenfläche. Hinter dem Haus erstreckt sich ein 28 Hektar großer Park. Das Anwesen gehörte einmal dem ägyptischen Khediven Abbas II. Hilmi, der 1914 von den Briten abgesetzt worden war.

Anschließend kann man die drei **Kirchen von Vieuvicq, Méréglise** und **Saint-Éman** besichtigen. Außerhalb der Gottesdienste bleiben die Kirchen auf dem Land heutzutage leider geschlossen, aber das unter üppigem Grün fast ganz versteckte Gotteshaus von Méréglise hält ein paar hübsche architektonische Überraschungen für den Besucher bereit. Saint-Éman hat sich in den letzten zwanzig Jahren sehr verändert: Wo früher Wiesen und Felder waren, stehen heute Häuser. Man muß sie sich wegdenken, wenn man das **Wasserbecken** betrachtet, das die Quelle des Loir einfaßt und das Marcel Proust als Kind so faszinierte.

Der Rückweg von Saint-Éman nach Illiers-Combray führt am **Landsitz Mirougrain** vorbei, der für die Öffentlichkeit nicht zugänglich ist. Das von der Dichterin Juliette d'Artois aus Megalithen der Region erbaute Gebäude ist das Modell für das Landhaus des Komponisten Vinteuil in *Auf der Suche nach der verlorenen Zeit.* Es hat eine interessante Architektur und liegt in landschaftlich reizvoller Umgebung; zum Grundstück gehört auch ein Seerosenteich. Am sogenannten **Weißdorntag der Société des amis de Marcel Proust** kann das Anwesen von außen besichtigt werden. Diese alljährlich Ende Mai stattfindende Wallfahrt geht auf jenen Tag im Mai 1935 zurück, als Robert Proust (nur wenige Wochen vor seinem Tod) mit den ersten Mitgliedern der Gesellschaft nach Illiers-Combray fuhr, um ihnen die Weißdornhecken am Pré Catelan zu zeigen. Das Treffen ist für die Freunde von Marcel Proust zur Tradition geworden. Neben einem Museumsbesuch finden auch Lesungen an den verschiedenen Orten statt, die mit Prousts Leben und Werk in Zusammenhang stehen. Es sei darauf hingewiesen, daß 1988 aus einem Zweig des Vereins das **Institut Marcel Proust international** hervorging, das Kolloquien und verschiedene Veranstaltungen zum Thema Proust organisiert. Jedes Jahr gibt die Gesellschaft ein *Bulletin Marcel Proust* mit wissenschaftlichen Beiträgen aus der ganzen Welt heraus.

Empfohlen sei zum Abschluß ein Spaziergang in der Umgebung von Illiers-Combray, zum Beispiel auf den Treidelwegen mit Blick auf den Loir auf der einen und auf Gemüsegärten und Wasserbecken auf der anderen Seite. Bald gelangt man an den Dorfrand, wo »unendlich weit Luzernenfelder sich erstrecken, auf denen von Zeit zu Zeit im Winde eine Mohnblume flattert« *(Jean Santeuil).* Durch Kornfelder führt der Weg bis zu den wenigen noch erhaltenen Lehmhäusern, die mehr und mehr von jüngeren Bauten verdrängt werden.

Das Landhaus Mirougrain

Reiserouten in der Normandie

- **Grand Hôtel in Cabourg**
  Promenade Marcel Proust
  Tel.: 00 33/2/31 91 01 79

- **Markthalle in Dives**
  Place de la République
  Geöffnet an Markttagen
  (dienstags und samstags)

- **Village Guillaume-le-Conquérant**
  68, rue du Général de Gaulle,
  Dives

- **Blumengeschäft Lerossignol-Loisnard**
  9, rue du Général-Leclerc, Houlgate
  Tel.: 00 33/2/31 24 80 76

Wer auf den Spuren Marcel Prousts in die Normandie reist, für den ist das **Grand Hôtel in Cabourg** ein absolutes Muß. Seine siebzig Zimmer liegen entweder zum Meer oder zu den Grünanlagen des Casinos hin. Der Speisesaal, in dem Proust seine Mahlzeiten einnahm, steht unter Denkmalschutz. Mit seiner Glasfront mit Blick auf die Deichpromenade, den ausgerichteten Reihen der mit goldfarbenem Schnitzwerk verzierten Stühle, den Leuchtern und Wandmalereien steht er Essensgästen nur im Sommer sowie ganzjährig an den Wochenenden zur Verfügung. Außerhalb der Saison dient der kleinere Speisesaal, le Balbec, der zum Garten hin liegt, unter der Woche als Restaurant. Das Hotel ehrt das Andenken Prousts mit dem Zimmer »Souvenir Marcel Proust«. Zwar hat der Schriftsteller nie in diesem Zimmer 414 geschlafen, aber es wurde nach seiner Beschreibung in *Auf der Suche nach der verlorenen Zeit* eingerichtet, samt violetten Vorhängen und kupferfarbenem Bettgestell. Wer hier übernachten möchte, bezahlt übrigens mehr als für ein anderes Zimmer. Das Hotel und das angrenzende Casino sind 1995 renoviert worden. Mit Beginn der Saison im Frühjahr bietet das Haus einmal monatlich musikalische Unterhaltung zum Abendessen an. Aus Anlaß von Prousts hundertstem Geburtstag 1971 erhielt die Deichpromenade den Namen Promenade Marcel Proust.

Mit dem Auto kann man eine Spazierfahrt nach Honfleur machen. Der Fluß Dives trennt Cabourg von der gleichnamigen Stadt. **Dives** ist sehr alt, und die **Markthalle aus dem Mittelalter**, in der heute noch Markt abgehalten wird, sollte man sich ansehen. Proust erwähnt die **Kirche Notre-Dame** mit der Christusdarstellung auf dem Fenster links, wenn man vom Chor her kommt. Die dargestellte Szene geht auf eine Legende zurück, die einst die Einwohner von Dives und von Cabourg zu Feinden machte. Am 16. August 1001 zogen die Fischer von Cabourg in ihren Netzen ein Christusbild an Land; das Kreuz allerdings fehlte. Die Männer warfen sich auf die Knie und begannen die Ikone anzubeten. Bis auf einen, einen Ungläubigen, der mit der Axt auf das Bild einschlug. Leuchtend rotes Blut soll daraufhin aus einer Wunde am Knie Christi geflossen sein. Die Einwohner von Dives verlangten die Herausgabe des einem Schüler Christi zugeschriebenen Schatzes, weil er in ihren Fanggründen gefunden worden war. Drei Jahre später bargen Fischer aus Dives das zum Bild gehörende Kreuz. Beides fand einen Platz in der Kapelle von Dives, die zum Wallfahrtsort wurde.

Badekabinen vor dem Grand Hôtel in Cabourg

Das **Gasthaus Guillaume-le-Conquérant** war früher eine Poststation an der Strecke von Rouen nach Caen. Ein gewisser Le Rémois, oder Lerémois, den Proust in seinem Werk erwähnt, machte ein Gasthaus daraus, das zugleich Ausstellungsraum für normannische Kunst, alte Möbel und ähnliches war. Seit 1970 gehört das Anwesen mit seinen Innenhöfen, den geschnitzten Türen und dem Fachwerk mehreren Eigentümern und beherbergt Werkstätten, eine Buchhandlung und ein Restaurant.

Von Dives geht die Fahrt weiter nach **Houlgate**, seit dem ausgehenden 19. Jahrhundert ein beliebtes Urlaubsziel. Man muß den Ort zu Fuß entdecken, nur so kann man die architektonische Vielfalt seiner Villen richtig bewundern. Wie in allen Seebädern, die damals in Mode waren, spiegeln sie Einflüsse aus – in dieser Reihenfolge – Italien, England, der Schweiz und Rußland wider, vermischt mit Jugendstilelementen. Blumen kauft man am besten im **Blumengeschäft Lerossignol-Loisnard**. Monsieur Lerossignol, heute ein alter Herr, kann sich noch erinnern, wie er als achtjähriger Knirps den in einen Pelz eingemummten Marcel Proust im Wagen, an dessen Steuer Agostinelli saß, vorfahren sah; Proust pflegte im Geschäft Blumen für seine Freunde aus der Umgebung zu bestellen. Den Garten neben dem Laden, in dem die Blumen frisch geschnitten werden, gibt es auch heute noch, mit zweitausend Quadratmetern allerdings um mehr als die Hälfte kleiner als zu Prousts Zeiten. Um die Säule links vom Eingang rankt sich ein Rosenstrauch; hier pflückte sich Proust immer eine Rose fürs Knopfloch ab. Man sollte bei der Gelegenheit nicht versäumen, in der Bäckerei **À l'épi d'or** das traditionelle normannische Brot, *pain brié* genannt, zu kaufen, das seinen Namen von dem Rollholz, mit dem es bearbeitet wird, der *brie*, bekommen hat und dessen Rezept streng geheimgehalten wird.

Von Houlgate gelangt man auf der D 163 nach **Auberville**. Den großen oder kleinen Hunger kann man auf dem **Bauernhof Les Aulnettes** stillen, wie Proust es schon tat. Im Sommer sitzt man wunderschön im Garten, wo der Cidre und das *pain brié* besonders gut schmecken. In **Villers-Sur-Mer** und **Bénerville-Sur-Mer**, wo sich Villa an Villa reiht, hat Proust öfter Freunde besucht. Über **La Touques** führt der Weg weiter nach **Trouville**. Empfohlen sei ein Bummel über die Strandpromenade bis zum ehemaligen **Hôtel des Roches Noires**, das 1959 in Eigentumswohnungen aufgeteilt wurde (Interessenten gab es mehr als genug: nach nur einem halben Tag war das Anwesen verkauft). Die Schriftstellerin Marguerite Duras besaß hier dreißig Jahre lang ein Appartement, und im Foyer wurden Szenen für einige Filme gedreht, zu denen sie die Drehbücher schrieb: *La Femme du Gange* (1973), *Agatha* (1981) und *L'Homme Atlantique* (1982). Das Anwesen, das von den Eigentümern sehr gepflegt wird, kann man sich von außen ansehen, und vom Strand aus kann man auch durch die großen Fenster einen Blick in das 1924 vom Architekten Mallet-Stevens umgestaltete Foyer mit seinen Hängeleuchten, Wandmalereien und der neuen Raumaufteilung werfen. Gleich daneben befindet sich die **Villa Persane** sowie ein gotischer Bau, **Tour Malakoff** genannt. Hinter dem Hotel führt eine Straße die Anhöhe hinauf; dort ist 1973 die Avenue Marcel-Proust eingeweiht worden, die am **Clos des Mûriers**, dem ehemaligen Besitz von Geneviève Straus, vorbeiführt und am **Landhaus La Cour-Brûlée**, das einst Madame Aubernon de Nerville gehörte. Von der Straße aus kann man einen Blick auf beide Villen erhaschen. Das Landhaus **Les Frémonts** dagegen entzieht sich den Blicken. Wer möchte, unternimmt einen Spaziergang entlang der Steilküste, um die drei Aussichten, die Proust so liebte, und den Blick aufs Meer zu genießen.

Auf dem Weg nach Honfleur sollte man sich die **Kirchen von Hennequeville** und von **Criquebœuf**, beide ganz unter Efeu versteckt, ansehen. Oberhalb von Hon-

Tour Malakoff und Hôtel des Roches Noires, Trouville

Trouville mit dem Casino im Hintergrund

- **À l'épi d'or**
  28, rue du Général-Leclerc,
  Houlgate
  Tel.: 00 33/2/31 24 80 94

- **Ferme Les Aulnettes**
  Route de la Corniche, Houlgate
  Tel.: 00 33/2/31 28 00 28

• Musée Eugène Boudin
Place Érik Satie, Honfleur
Tel.: 00 33/2/31 89 54 00
Täglich außer Dienstags geöffnet, vom 15. März bis 30. September von 10.00 bis 12.00 und von 14.00 bis 18.00 Uhr; vom 1. Oktober bis 14. März von 14.30 bis 17.00 Uhr, samstags und sonntags von 10.00 bis 12.00 und von 14.30 bis 17.00 Uhr. Am 1. Mai, 25. Dezember und vom 1. Januar bis 10. Februar geschlossen.

• Musée municipal Jacques-Émile Blanche
Parc du Colombier, Offranville
Tel.: 00 33/2/35 85 40 42
Geöffnet sonntags und an Feiertagen von 14.30 bis 18.00 Uhr, an anderen Tagen nach Vereinbarung

• Musée de Dieppe
Rue Chastes, Dieppe
Tel.: 00 33/2/35 84 19 76
Vom 1. Juni bis 30. September täglich geöffnet von 10.00 bis 12.00 und von 14.00 bis 18.00 Uhr; vom 1. Oktober bis 31. Mai von 10.00 bis 12.00 und von 14.00 bis 17.00 Uhr, sonntags von 10.00 bis 12.00 und von 14.00 bis 18.00 Uhr; geschlossen dienstags sowie am 1. Januar, 1. Mai, 25. Dezember und an Allerheiligen.

• Musée des Beaux-Arts de Rouen
Square Verdel, Rouen
Tel.: 00 33/2/35 71 28 40
Täglich geöffnet von 10.00 bis 18.00 Uhr außer dienstags und an Feiertagen

Die Kirche von Criqueboeuf

fleur führen schattige Wege an der Côte de Grâce entlang, die Allées Marguerite. Sehenswert ist die **Kapelle Notre-Dame-de-Grâce** mit ihren beiden Basreliefs, die Szenen aus dem Marienleben darstellen, an der Fassade. In **Honfleur** ist die **Kirche Sainte-Catherine** mit ihren beiden Holzschiffen in Gestalt eines umgedrehten Schiffsrumpfs und dem separaten Glockenturm einen Besuch wert. Das **Musée Eugène Boudin** zeigt Gemälde mit Strandszenen, wie sie sich zu Prousts Zeiten abgespielt haben mögen.

Dem Proust-Liebhaber sei ein Abstecher nach **Offranville** bei Dieppe (Departement Seine-Maritime) empfohlen, wo ein Besuch des 1995 eröffneten städtischen **Musée Jacques-Émile Blanche** im ersten Stock des Hauses im Parc du Colombier lohnt. Blanche, der das *Porträt von Marcel Proust* malte, lebte von 1902 bis 1942 in dem kleinen Ort. Weitere Gemälde von ihm können im **Musée de Dieppe** und im **Musée des Beaux-Arts de Rouen** besichtigt werden; in letzterem ist dem Maler ein ganzer Saal gewidmet mit Bildnissen von Anna de Noailles, Jean Cocteau, André Gide, die Proust alle persönlich kannte.

Bevor der Reisende die Normandie verläßt, kann er in **Cambremer** haltmachen, um auf dem Markt einzukaufen. Vielleicht erinnert er sich an die unfreiwillig komische Verwechslung, die dem Direktor des Grand-Hôtel in Balbec *(Auf der Suche nach der verlorenen Zeit)* unterläuft: Er redet die Marquise de Cambremer nämlich immer mit Marquise de Camembert an. Die Cidrehersteller der Region führen auf ihren Flaschenetiketten zusätzlich zum Herkunftsnachweis »Pays d'Auge« die Bezeichnung »Cambremer«, um auf die Besonderheit der verwendeten Apfelsorten hinzuweisen, die dem Cidre von Cambremer einen leicht herben Geschmack verleihen. Wer Interesse hat, kann an einer **Besichtigung der Weinkeller und Keltereien** teilnehmen.

Notre-Dame-de-Grâce in Honfleur

Reiserouten in Savoyen

Von den Stätten, die Proust seinerzeit besuchte, gibt es heute leider nur noch wenige. Das Splendide in Évian wurde 1976 geschlossen. Die Universität von San Diego in Kalifornien hatte sich für das Gebäude interessiert, aber dann doch von dem Projekt Abstand genommen, obwohl bereits ein Übernahmevertrag unterzeichnet worden war, und so wurde das Hotel zwei Jahre später abgerissen. Das **Château de Coudrée** bei Thonon-les-Bains hingegen ist seit 1954 ein Hotel und gehört zur Gruppe Relais et Châteaux. Die Zimmer haben noch die alten Wandtäfelungen, Glasmalereien und Teppiche. Das Hotel hat einen eigenen Badestrand sowie eine Bootsanlegestelle und einen Swimmingpool. Von hier aus kann man Ausflüge rund um den Genfer See machen. Alle Villen, in denen Proust zu Gast war, befinden sich heute in Privatbesitz. Wer von **Amphion** Richtung Évian fährt, kann auf dem Grundstück der ehemaligen Villa Bassaraba jedoch das **Denkmal zur Erinnerung an Anna de Noailles** besichtigen, das die Stadt im hinteren Teil des ursprünglichen Parks aufstellte.

In **Évian** selbst sind einige schöne Beispiele für die Baukunst zu Beginn dieses Jahrhunderts erhalten. In **Maugny** oberhalb von Thonon-les-Bains kann man von der Hauptstraße aus das **Schloß von Clément de Maugny** sehen.

Eine Bootsfahrt auf dem Genfer See ist sicherlich die unmittelbarste Variante eines Proustschen Spaziergangs. Die **Compagnie Générale de Navigation**, die allgemeine Schiffahrtsgesellschaft, verbindet das französische mit dem Schweizer Ufer. Das erste Dampfschiff befuhr den See 1823 auf eine Initiative des amerikanischen Diplomaten Edward Church hin, der von einer Gruppe Genfer Bankiers unterstützt wurde; danach wurden mehrere kleinere Schiffahrtsgesellschaften gegründet, bis 1873 beschlossen wurde, alle in einer großen zusammenzufassen, eben der Compagnie Générale de Navigation. Sie verfügte damals über acht Schiffe, die 29 Häfen anliefen. Seit 1892 sind neun weitere Schiffe hinzugekommen, alle höchst komfortabel und mit hellgetäfelten Restaurants. Man hat dem wachsenden Touristenstrom Rechnung getragen und die Zahl der Landungsplätze rings um den See auf 39 erhöht.

Château de Coudrée

Von Thonon oder Évian aus kann man, vorzugsweise mit der 1904 gebauten *Montreux*, auf der schon Proust gefahren sein könnte, einen Ausflug nach **Coppet** am Schweizer Ufer machen und sich das **Schloß von Madame de Staël** ansehen. Oder man fährt nach **Genf**, das Proust zwei- oder dreimal besucht hat (abgestiegen ist er im **Hôtel de l'Écu** oder im **Hôtel Métropole**), um mit Muße durch die Stadt zu schlendern.

Blick ins Restaurant eines Schiffes auf dem Genfer See

- **Château de Coudrée**
Domaine de Coudrée, 74140 Sciez
Tel.: 00 33/4/50 72 62 33
Geöffnet vom 20. April bis 31. Oktober

- **Compagnie Générale de Navigation in Lausanne**
Tel.: 00 41/21/6 17 06 66

- **Compagnie Générale de Navigation in Thonon**
Tel.: 00 41/4/50 71 14 71
Die *Montreux* fährt im Juli und August täglich die Strecke Lausanne – Thonon.

- **Hôtel Métropole**
34, quai Général Guisan
1204 Genf
Tel.: 00 41/22/3 18 32 00

Ruskin-Wallfahrten

• Kathedrale Notre-Dame in Rouen
Geöffnet von 8.00 bis 19.00 Uhr, außer an gesetzlichen Feiertagen. Führungen samstags, sonntags und feiertags um 10.30 und 15.00 Uhr vom 1. Mai bis Ende Juni, täglich zur selben Zeit im Juli und August.

• Kirche Saint-Maclou
Im Sommer von 10.00 bis 12.00 und von 14.00 bis 18.00 Uhr geöffnet, im Winter bis 17.30 Uhr, geänderte Zeiten sonntags und feiertags

• Association Les Heures musicales de Saint-Maclou
Rue Eugène-Dutuit 3, 76000 Rouen
Tel.: 00 33/2/35 70 84 90

• Abteikirche Saint-Ouen
Vom 15. März bis 31. Oktober täglich außer dienstags von 10.00 bis 12.30 Uhr und von 14.00 bis 18.00 Uhr geöffnet; sonst bis 16.30 Uhr

• Europäische Orgelwoche
Informationen beim Kulturamt
Tel.: 00 33/2/32 08 13 90
Jedes Jahr im Juni

KATHEDRALEN IN FRANKREICH

Mehrere Routen bieten sich an.

DIE NORMANDIE

In **Rouen** kann man durch Fußgängerzonen, vorbei an alten Fachwerkhäusern, zur **Kathedrale Notre-Dame** spazieren, deren Buchhändler-Portal Proust bei seinem Besuch im Jahr 1900 so begeisterte. Die wegen der Vielfalt ihrer Baustile, ihrer Fenster und der Grabmäler der normannischen Herzöge berühmte Kathedrale wurde vom 12. bis zum 16. Jahrhundert erbaut. Die gußeiserne Turmspitze stammt aus dem 19. Jahrhundert. Nicht weit davon entfernt liegt die **Kirche Saint-Maclou**; sie wurde zwischen 1437 und 1517 errichtet und weist einen einheitlichen Baustil auf. Bekannt ist sie vor allem wegen der fünf hölzernen Türflügel des Fassadenportals. Das mit Schnitzereien und Marmorsäulen versehene Orgelgehäuse aus dem Jahr 1521 kommt jeden Sommer während der **musikalischen Andacht von Saint-Maclou** besonders zur Geltung. Die **Abteikirche Saint-Ouen** sollte man sich ebenfalls ansehen. Sie ist dem Hausmeier des fränkischen Königs Dagobert geweiht, der, nachdem er Bischof von Rouen geworden war, die Lebensgeschichte seines Freundes, des heiligen Eligius, aufzeichnete. Im Juni kann man sich im Rahmen der **Europäischen Orgelwoche** an Orgelkonzerten erfreuen.

Wer Rouen in Richtung Le Havre verläßt, hat die Möglichkeit, gleich drei Abteien zu besichtigen: die voll-

In Rouen

Portal von Saint-Vulfran in Abbeville

ständig erhaltene **Benediktinerabtei von Saint-Georges-de-Boscherville** in **Saint-Martin-de-Boscherville**, die Anlage **Saint-Wandrille** sowie auf dem Rückweg die **Abtei von Jumièges**. Wandrille (Wandregisel), ein Schüler des heiligen Ouen (oder Audoenus), gründete die Abtei, die sich später der Benediktinerregel unterwarf, im Jahr 649. Im 19. Jahrhundert gelangte sie vorübergehend in privaten Besitz, ehe sie 1931 von neuem ihrer ursprünglichen religiösen Verwendung zugeführt wurde. Als Proust dort weilte, war sie das Domizil des Schriftstellers Maurice Maeterlinck, der Theaterstücke in ihren Mauern aufführte. Heute sind ihre Ruinen teilweise von Gestrüpp überwuchert. Auch die Abtei von Jumièges ist weitgehend verfallen: Der Mann, dem sie Ende des 18. Jahrhunderts gehörte, benutzte sie als Steinbruch. Das Schiff der Kirche Saint-Pierre mit seiner Stützweite von 27 Metern ist noch zu sehen.

DAS DEPARTEMENT SOMME

In **Abbeville** ragen die beiden Türme der **Stiftskirche Saint-Vulfran** fast sechzig Meter in die Höhe, die Kirche selbst ist eine Baustelle. Sie wurde im Zweiten Weltkrieg stark beschädigt, und der Verein der Freunde von Saint-Vulfran unternimmt große Anstrengungen, damit die Restaurationsarbeiten möglichst bald abgeschlossen werden können. Der **Bahnhof** von Abbeville, ein typisches Beispiel für den Baustil der Seebäder Ende des 19. Jahrhunderts, steht unter Denkmalschutz.

Für **Amiens** sollte man sich viel Zeit nehmen. Vom Bahnhof aus (sein hundert Meter hoher Stahlbetonturm ist das einzige Bauwerk nach Plänen des Architekten Auguste Perret, das nach dem Zweiten Weltkrieg errichtet wurde) gelangt man über die Rue des Trois-Cailloux zur Rue des Sergents und schließlich zur **Kathedrale Notre-Dame**. Das Kirchenschiff ist berühmt für sein höchst ungewöhnliches, 234 Meter langes Labyrinth aus schwarzem und weißem Marmor; früher rutschten die Pilger auf Knien auf dem schwarzen Band entlang. In den 110 Chorstühlen mit ihren viertausend geschnitzten Figürchen nahmen die Chorherren Platz. Die 112 Meter hohe hölzerne und mit Blei verkleidete Turmspitze ist die älteste ihrer Art in ganz Frankreich. Den Bau der Kathedrale ermöglichte die Tuchindustrie: Amiens ist seit alter Zeit berühmt für seine Stoffe, nicht nur der Qualität, sondern auch jenes Blautons wegen, der erzielt wird durch die Blätter des Färberwaid, einer Staude, die im Tal der Somme angebaut wird.

Am anderen Ufer der Somme findet man die **Association pour la sauvegarde des hortillons**, also den Verein zum Schutz des Sumpfbodens (der in der Picardie traditionell zum Gemüseanbau verwendet wird). Führungen in flachbödigen Booten bieten zwölf Personen Platz. Man kann auch auf dem Treidelweg bis zur **Auberge du Vert-Galant** spazieren, dort ein Ruderboot mieten und eine Bootspartie auf dem 55 Kilometer langen Kanalnetz machen, das die Gegend durchzieht. Von den kleinen Wasserstraßen aus (die hier *rieux* heißen) entdeckt man die Kathedrale in der Ferne aus immer neuen Blickwinkeln. Alljährlich im Juni feiern die Gemüsebauern ein Fest: Dann dekorieren sie ihre Kähne mit allem, was der Boden hergibt, und veranstalten an den Kais der Somme entlang einen Markt (das Datum variiert, es kann bei der Association pour la sauvegarde des hortillons erfragt werden).

DIE RUNDFAHRT AM KARFREITAG 1902

Prousts Biographen haben diese Rundfahrt mal auf 1903, mal auf 1902 datiert. Der amerikanische Literaturwissenschaftler Philip Kolb ist der Ansicht, sie habe 1903 stattgefunden, und gründet seine These auf Briefe Prousts an Antoine Bibesco, in denen die Anrede »du« auftaucht, was im Jahr zuvor noch nicht der Fall gewesen war. Alain Busine hingegen hält das Jahr 1902 für wahrscheinlicher, weil Bertrand de Salignac-Fénelon 1903 in Konstantinopel weilte und Georges de Lauris bezeugte, Bertrand habe an der Fahrt teilgenommen. Doch die Biographie soll uns an dieser Stelle weniger interessieren als das, was Proust sich angesehen hat.

Die **Abteikirche von Saint-Leu-d'Esserent** liegt vierzig Kilometer nördlich von Paris und sechs Kilometer von Chantilly entfernt. Von der Brücke über die Oise hat man einen guten Blick auf das aus dem 11. Jahrhundert stammende Gebäude hoch oben auf dem Steilfelsen. Fünf wunderschöne Kapellen gehören zu ihm; das Kloster mit seinem unterirdischen Spitzbogengewölbe und seinen Kreuzgängen ist nur an Tagen der offenen Tür zu besichtigen. Das große Portal von **Notre-Dame-de-Senlis** ist

Eingang zu den Sumpfbodengärten in Amiens

- **Kathedrale Notre-Dame in Amiens**
  Tel.: 00 33/3/22 71 60 50
  Informationen über Führungen, auch mit Schwerpunktthemen zur Architektur, sind zu erfragen beim Fremdenverkehrsamt, das täglich geöffnet ist.

- **Association pour la sauvegarde des hortillons**
  54, boulevard de Beauville, Amiens
  Tel.: 00 33/3/22 92 12 18
  Geführte Wanderungen vom 1. April bis 31. Oktober täglich um 14.00 Uhr

- **Auberge du Vert-Galant**
  57, chemin du Halage
  Tel.: 00 33/3/22 91 31 66

- **Abteikirche Saint-Leu-d'Esserent**
  Besichtigungen täglich, Führungen nach Vereinbarung

- **Notre-Dame-de-Senlis**
  Tel.: 00 33/3/44 53 06 40
  Führungen unter fachkundiger Leitung samstags und sonntags um 15.00 Uhr von März bis November; ferner Führungen während des Festivals der musikalischen Andacht in Senlis

- **Association des amis de Saint-Vulfran**
  Tel.: 00 33/3/22 24 24 96
  Führungen

• Association des amis de la cathédrale et de Saint-Martin-de-Laon
8, rue du cloître, 02000 Laon

• Fremdenverkehrsamt Laon
Place du Parvis
Tel.: 00 33/3/23 20 28 62

• Musée de Coucy-le-Château
7, rue du Pot d'Étain
Tel.: 00 33/3/23 38 88 93
Eintritt frei, geöffnet im Winter von 14.00 bis 17.00 Uhr, im Sommer von 10.30 bis 12.00 Uhr und von 14.30 bis 18.30 Uhr

• Association de mise en valeur du château de Coucy
7, rue du Pot d'Étain
Tel.: 00 33/3/23 38 88 93

• Association Les Après-midi de Saint-Loup
77650 Saint-Loup-de-Naud

Die steinernen Rinder an der Kathedrale von Laon

der Muttergottes geweiht; ihre Krönung ist im Tympanon dargestellt.

In **Soissons**, der ersten Hauptstadt Frankreichs nach dem Sieg Chlodwigs über den letzten römischen Feldherrn, sind der heilige Gervais (Gervasius) und der heilige Protais (Protasius) die Schutzpatrone der **Kathedrale**; im Innern kann man sich auf Resten eines Bildteppichs aus dem 15. Jahrhundert Szenen aus ihrem Leben ansehen. **Saint-Jean-des-Vignes** ist im 19. Jahrhundert aller irgendwie verwertbaren Dinge beraubt worden und hat zudem im Zweiten Weltkrieg ziemlich gelitten. Von der Abteikirche steht nur noch die fensterlose Fassade, daneben das Refektorium, ferner zwei Galerien vom großen und eine vom kleinen Kreuzgang. Das Ganze ist rührend anzusehen, trotz – oder vielleicht gerade wegen – des erbarmungswürdigen Zustands.

Die **Kathedrale von Laon** beherrscht das Stadtbild. Die Oberstadt und die Unterstadt sind übrigens durch eine kleine Schwebebahn miteinander verbunden. Zwischen Ostern und Allerheiligen führt die **Association des amis de la cathédrale et de Saint-Martin-de Laon**, der Verein der Freunde der Kathedrale und der Kirche Saint-Martin-de-Laon, Besichtigungen der frühgotischen, von der Zisterzienserbaukunst beeinflußten Kathedrale durch. Proust hat sich vor allem für das nördliche Querschiff interessiert, für die Fensterrose mit ihren Darstellungen der Freien Künste aus dem 12. Jahrhundert, ein Motiv, das am Nordfenster, über dem Geburt-Christi-Portal, wiederaufgegriffen wird. Bekannt ist auch die Kapelle de la Sainte-Face, eine slawische Darstellung des Gesichtes Christi aus dem 12. Jahrhundert, die Jacques von Troyes im 13. Jahrhundert in Italien für seine Schwester, die Äbtissin des Zisterzienserklosters von Montreuil-en-Thiérache, erwarb. Seitdem hat die Ikone Laon nicht mehr verlassen. Die Stadt veranstaltet Führungen durch die Kathedrale und das mittelalterliche Viertel ringsherum.

Im **Museum von Coucy-le-Château** kann sich der Besucher eine Vorstellung von der einstigen Größe der Zitadelle der Herren von Coucy machen. Imposante Ruinen sind alles, was von ihr übriggeblieben ist. Die **Association de mise en valeur du chateau de Coucy** (der Verein zur Pflege des Schlosses von Coucy) führt Stücke auf, die von der Kunst des Mittelalters inspiriert sind.

SÜDLICH VON PARIS

Provins steht ganz im Zeichen des Mittelalters, was sich auch an seinen Festen und Veranstaltungen ablesen läßt. In der Oberstadt kann man die **Kirche Saint-Quiriace**, deren Kuppel erst im 17. Jahrhundert errichtet wurde, besichtigen, in der Unterstadt die **Kirche Saint-Ayoul**; die Bildsäulen am Portal der letztgenannten sind zwar stark verwittert, aber immer noch sehenswert. Wahrzeichen der Stadt ist die Rose; besonders schöne Exemplare kann man zur Blütezeit von Mai bis Juli beim **Couvent des Cordelières**, dem Franziskanerinnenkloster, bewundern.

Der Verein **Association Les après-midi de Saint-Loup** veranstaltet Konzerte und eine Reihe anderer künstlerischer und kultureller Darbietungen rund um die Kirche mit ihren bemerkenswerten Bildsäulen am Portal und den mit Steinmetzarbeiten reichverzierten Pfeilern im Schiff. Von der Brücke unterhalb des Dorfes bietet sich ein guter Ausblick auf die Kirche.

Einige Kilometer weiter liegt die **Kirche von Donnemarie-Dontilly**. Ihr Hauptportal ist, trotz der stark verwitterten Gesichter der Figuren, einen Besuch wert. Anschließend kann sich der Reisende im Restaurant À la recherche du temps perdu im **Domaine de Bois-Boudran** in Fontenailles stärken. Zum Gut gehören ein Schloß, ein fünfzig Hektar großer Park und ein Bauernhof, die Ferme du Jarrier. Im Ersten Kaiserreich wurde das Gut von dem Bankier Louis Greffulhe erworben; sein Sohn, der vermögende Graf Henri (1844–1932), kaufte noch hundert Hektar Land dazu und ließ einen prächtigen Park anlegen; nach seiner Heirat mit Élisabeth de Caraman-Chimay (1860–1952) wurde das Schloß zu einem Mittelpunkt des gesellschaftlichen Lebens;

Saint-Loup-de-Naud; die Bildsäule am Portal stellt den heiligen Loup (Lupus) dar.

Das Dach der Kathedrale von Chartres

sein literarischer Salon, seine musikalischen Darbietungen und seine Jagdgesellschaften waren berühmt. Marcel Proust, der von Robert de Montesquiou, einem Cousin der Gräfin, in diese feinen Kreise eingeführt wurde, war mehrmals zu Besuch auf dem Schloß, wo er unter anderen die Fürsten de Sagan und de Polignac und Graf Boni de Castellane kennenlernte. Élisabeth de Caraman-Chimay, eine interessante Frau und die ungekrönte Königin der Pariser Gesellschaft, wird eins der Vorbilder für Prousts Oriane de Guermantes sein. Das Gut ist bis in die sechziger Jahre unseres Jahrhunderts in Familienbesitz geblieben; dann wurde es aufgeteilt und in ein Vier-Sterne-Hotel mit Restaurant und Golfplatz umgewandelt.

AUF DEM WEG NACH ILLIERS-COMBRAY

Man sollte sich Zeit nehmen für einen Abstecher zur **Kathedrale von Chartres**. Proust war besonders angetan vom Königsportal. Innen beeindrucken die farbenprächtigen Glasfensterzyklen; die ältesten davon stammen aus dem 12. Jahrhundert. Das Fenster Notre-Dame-de-la-Belle-Verrière (erste Hälfte des 12. Jahrhunderts) rechts vom Chor ist 1990 restauriert worden. Proust fertigte eine Zeichnung davon an. Ein Besuch im 1980 gegründeten nahen **Centre international du vitrail** (dem internationalen Kirchenfensterzentrum) bietet sich als Ergänzung an. Das Zentrum ist Ausstellungssaal, Forschungs-, Dokumentations- und Studienzentrum in einem. Hier dreht sich alles um die Kathedrale: Man kann Kurse besuchen, an der Sommerakademie oder an Vortragsreihen, die mit Besichtigungen verbunden sind, teilnehmen.

- **Kathedrale von Chartres**
Vortragsreihen
Tel.: 00 33/2/37 21 75 02
Orgelkonzerte: im Sommer sonntags um 16.45 Uhr
Führungen in englisch und französisch
Festival du Sacré
Tel.: 00 33/1/45 80 18 62
»Lyrische Tage« und »Sommerliche Abende«, beide
Tel.: 0033/2/37 21 50 00

- **Centre international du vitrail**
5, rue du Cardinal-Pie, Chartres
Tel.: 00 33/2/37 21 65 72
Geöffnet täglich von 9.30 bis 12.30 Uhr und von 13.30 bis 18.00 Uhr

- **Domaine de Bois-Boudran**
77370 Fontenailles
Tel.: 00 33/1/64 60 51 00

• **Basilika Sainte-Madeleine**
Informationen im Pfarrhaus
Tel.: 00 33/3/86 33 24 36
Führungen ganzjährig für Gruppen; kostenlose, von ehrenamtlichen Mitgliedern des Vereins CASA (Communauté d'accueil sur les sites artistiques) organisierte Führungen für Einzelpersonen im Juli und August

• **Association Les Amis de Vézelay**
Informationen im Rathaus von Vézelay
Tel.: 00 33/3/86 33 24 62

• **Kloster von Brou**
Tel.: 00 33/4/74 22 83 83
Kirche, Museum und Kloster sind am 1. Januar, 1. Mai, 11. November und 25. Dezember geschlossen.

• **Museum in Brou**
Tel.: 00 33/4/74 45 39 00
Geöffnet vom 1. Oktober bis 31. März von 9.00 bis 12.00 Uhr und von 14.00 bis 17.00 Uhr, vom 1. April bis 30. September von 9.00 bis 12.30 Uhr und von 14.00 bis 18.30 Uhr

• **Association des amis de Brou**
Tel.: 00 33/4/74 22 83 83

BURGUND

Die **Basilika Sainte-Madeleine** in **Vézelay**, die an der ehemaligen Pilgerstraße St. Jakobsweg liegt, ist von der UNESCO zum Weltkulturerbe erklärt worden. Im Sommer finden hier klassische Konzerte statt. Am 22. Juli wird eine Prozession zu Ehren Maria Magdalenas, der Schutzpatronin der Kirche, mit Reliquien der Heiligen veranstaltet. Die **Association Les Amis de Vézelay** gibt eine Broschüre heraus und veranstaltet Vortragsreihen mit Schwerpunktthemen.

Vor der Kirche des **Klosters von Brou** unweit von **Bourg-en-Bresse** ist eine Sonnenuhr angelegt worden, etwa zwölf auf acht Meter dreißig groß, die aus der gleichen Zeit stammt wie die zwischen 1505 und 1536 errichtete Kirche. Die Schnitzereien am Chorgestühl im Innern stellen Szenen des religiösen und weltlichen Lebens dar.

Blick in die Basilika Sainte-Madeleine in Vézelay

Das Kloster ist das einzige in Frankreich, das über drei Kreuzgänge verfügt; in einem ist ein Museum untergebracht, das Sammlungen alter (auch flämischer und holländischer) Meister und moderner Malerei zeigt sowie alte Möbel aus der Region.

REISEN IN DEN NORDEN UND IN DEN SÜDEN: AMSTERDAM UND VENEDIG

AMSTERDAM

Das **Hotel de l'Europe** an der Amstel, in dem Proust abgestiegen ist, ist auch heute noch ein Hotel der Luxusklasse. Es gehört zur Gruppe Relais et Châteaux.

Wer möchte, kann das Haus besichtigen, in dem der in Leyde geborene Rembrandt ab 1639 wohnte, bis er von seinen Gläubigern 1659 vor die Tür gesetzt wurde. 1908 wurde es zu einem Museum umgestaltet, wo man heute eine Sammlung seiner Radierungen besichtigen kann. Wem das nicht genügt, dem sei ein Besuch im **Rijksmuseum** empfohlen, wo mehrere Säle Rembrandt und auch Vermeer gewidmet sind.

Die neun Turmglockenspiele der Stadt erklingen zu jeder vollen Stunde. Erfunden wurde das Glockenspiel im 15. Jahrhundert in Belgien; weiterentwickelt wurde es zweihundert Jahre später in Holland von den aus Lothringen stammenden Glockengießern François und Pierre Hemony. In Amersfoort gibt es eine Schule für diesen Berufszweig und in **Asten** ein **Glockenspielmuseum**. In manchen Amsterdamer Kirchen finden Glockenspielkonzerte statt.

Etwa zwanzig Kilometer von Amsterdam entfernt liegt **Haarlem**. Die Stadt besitzt seit 1913 ein **Frans-Hals-Museum**, das in einem ehemaligen Altenheim aus dem Jahr 1608 eingerichtet wurde.

Im **Mauritshuis** in **Den Haag**, einem Gebäude aus dem 17. Jahrhundert unmittelbar am Wasser, kann man zwei Gemälde von Vermeer bewundern, darunter die *Ansicht von Delft*. In **Delft** wird man diese Ansicht heute nur noch schwerlich finden, zu sehr hat sich das Stadtbild verändert, aber man kann sich die **Herberg De Vliegende Vos**, vermutlich das Geburtshaus des Malers, unweit des Marktplatzes ansehen und die Gedenktafel an der **Oude Kerk**, wo unlängst das Grab von Vermeer van Delft entdeckt wurde.

Delft: Der sog. Hafen des Ostens ist dem von Vermeer gemalten im Süden sehr ähnlich.

VENEDIG

Im ehemaligen **Hotel Europa**, in dem Proust abgestiegen ist, sind heute städtische Betriebe untergebracht. Das Hotel selbst ist 1908 mit dem **Regina** im benachbarten Palazzo Tiepolo zusammengelegt worden. John Ruskin war während seines zweiten Venedig-Aufenthalts im **Gritti Palace Hotel** zu Gast, heutzutage ein Haus der Luxusklasse. Er schrieb dort einige Seiten von *The Stones of Venice*. 1876, auf seiner ersten Reise, war er in der **Pensione La Calcina** im Stadtviertel Accademia abgestiegen, die heute noch existiert (die Terrasse liegt zum Canal della Giudecca hin). Eine Tafel erinnert an Ruskins Aufenthalt.

Zu Beginn des 17. Jahrhunderts brachte ein venezianischer Botschafter das heiße, schwarze Getränk der Türken, das aus dem Jemen über Kairo ins Osmanische Reich gelangte, aus Konstantinopel in seine Heimat mit. Bereits 1638 wird Kaffee als Heilmittel in Venedig verkauft. Er erfreut sich bald so großer Beliebtheit, daß von 1676 an eine Steuer auf ihn erhoben wird. Bei den Alten und den Neuen Prokuratien, dem Sitz der höchsten Beamten nach dem Dogen, an der Nord- beziehungsweise Südseite des Markusplatzes eröffnen 1683 die ersten Kaffeehäuser. Sie sind Treffpunkte der Männer, Frauen ist der Zutritt verboten. 1720 wird ein weiteres Kaffeehaus, das Alla Venezia Trionfante, eingerichtet, das die Stammgäste bald nur noch das **Caffè Florian** nennen, nach Floriano Francesconi, dem Besitzer. Es ist das eleganteste Café der Stadt; zu seinen Gästen zählen unter anderen Goldoni, Canova, Guardi, ferner Goethe, Dickens, Henri de Régnier. Das 1775 eröffnete Quadri, das bis etwa 1830 keinen guten Ruf hat (obgleich es das erste Café war, das echten türkischen Kaffee servierte), ist dem Konkurrenten unterlegen. Das Caffè Florian ist in der Literatur immer wieder beschrieben (zum Beispiel von Musset und Madame de Staël) und in der bildenden Kunst dargestellt worden (zum Beispiel von Bertini, der Guardi malte, einen Schüler Canalettos, wie er seine Bilder den Gästen zu verkaufen versucht). Von Mai bis Oktober spielt wie in alten Zeiten ein Kaffeehausorchester. Wein hat Proust nie getrunken, er bevorzugte bis an sein Lebensende Bier und Kaffee.

Für den Proust-Liebhaber ist ein Besuch im **Museo Fortuny** ein Muß. Der aus dem 15. Jahrhundert stammende Palazzo wurde von Mariano Fortuny y Madrazo (1871–1949), dem Schwager Reynaldo Hahns, erworben. Mariano war Maler, Fotograf, Modeschöpfer und entwarf auch Stoffe. Er kam aus seiner Heimat Granada 1889 nach Venedig. Zehn Jahre später kaufte er den Palazzo und richtete im zweiten Stock sein Atelier ein. Seine Bühnenkostüme, deren Faltenwurf von der griechischen Antike inspiriert ist, machten ihn berühmt. Die Tänzerin Isadora Duncan trug auf der Bühne ausschließlich seine Entwürfe. 1909 ließ er sich seine Methode patentieren: Der Stoff wird feucht in Falten gelegt, die durch Wärmebehandlung fixiert und mit Perlen aus Muranoglas beschwert werden. Fortuny verwendete nur natürliche Farbstoffe und ließ sich von Gemälden Carpaccios inspirieren. Nach seinem Tod übereignete seine Witwe den Palazzo der Stadt Venedig, die Fortuny und seiner Kunst mit einem Museum ein Denkmal setzte. Proust interessierte sich sehr für diese Stoffe, und nach seiner Vene-

- **Rijksmuseum**
  Stadhouderskade 42, Amsterdam
  Tel.: 00 31/20/6 73 21 21
  Geöffnet von 10.00 bis 17.00 Uhr, sonntags und feiertags von 13.00 bis 17.00 Uhr

- **Mauritshuis**
  Karte Vijversberg 8,
  2513 AB Den Haag
  Tel.: 00 31/70/3 02 34 56
  Geöffnet von 10.00 bis 17.00 Uhr, sonntags und feiertags von 11.00 bis 17.00 Uhr, montags geschlossen

- **Hotel Europa e Regina**
  Via XXII Marzo 21 59, Venedig
  Tel.: 00 39/41/5 20 15 33

- **Gritti Palace Hotel**
  Campo Santa Maria del Giglio 24 67, Venedig
  Tel.: 00 39/41/79 46 11

- **Pensione La Calcina**
  Zattere Dorsoduro 780, Venedig
  Tel.: 00 39/41/5 20 64 66

- **Caffè Florian**
  Piazza San Marco 56, Venedig
  Geöffnet von 9.00 bis 24.00 Uhr

- **Museo Fortuny**
  Campo San Benedetto 37 80, Venedig
  Tel.: 00 39/41/5 20 09 95
  Geöffnet täglich von 9.00 bis 18.30 Uhr außer montags

• **Ars Nova Venetia stadium**
Calle XXII Marzo, San Marco, Venedig

• **Museo dell'Accademia**
Ponte dell'Accademia, Venedig
Tel.: 00 39/41/5 22 22 47
Geöffnet dienstags bis freitags von 9.00 bis 19.00 Uhr, samstags bis montags und an Feiertagen von 9.00 bis 14.00 Uhr

• **Scuola San Giorgio degli Schiavoni**
Calle Furlani, Venedig
Tel.: 00 39/41/5 22 88 28
Geöffnet im Sommer von 9.30 bis 12.30 Uhr und von 15.00 bis 18.30, sonn- und feiertags von 10.00 bis 12.00 Uhr; im Winter täglich geöffnet von 10.00 bis 12.00 Uhr außer montags

• **Brantwood, Home of John Ruskin**
Coniston/Cumbria
Geöffnet täglich von 11.00 bis 17.30 Uhr von Mitte März bis Mitte November, im Winter mittwochs und sonntags von 11.00 bis 16.00 Uhr; geschlossen am 25. Dezember

• **The Ruskin Museum**
Yewdale Road, Coniston/Cumbria
Tel.: 00 44/1 53 94/4 11 64
Geöffnet von Ostern bis Ende November von 10.00 bis 18.00 Uhr

Seite 161: Blick auf die Dächer von Venedig

Venedig

dig-Reise bat er Fortunys Frau Maria, Reynaldo Hahns Schwester, schriftlich um Auskünfte über dieses oder jenes Gewebe, weil er in *Auf der Suche nach der verlorenen Zeit* darüber schreiben wollte.

In der Boutique **Ars Nova Venetia stadium** kann man Schals und Tücher kaufen, die Fortunys Entwürfen nachempfunden sind.

Im **Museo dell' Accademia** sind im Saal XXI Carpaccios Bilder aus der Legende der heiligen Ursula ausgestellt. Weitere Gemälde des Künstlers sind in der **Scuola San Giorgio degli Schiavoni** zu sehen, vor allem Szenen aus dem Leben des heiligen Georg.

Mit dem Vaporetto (Linie 10) erreicht man in dreißig Minuten die Insel **San Lazzaro degli Armeni** direkt vor dem Lido. Eine Führung durch das **Mechitharistenkloster** beginnt nach der Ankunft des Vaporetto um 11 Uhr 55. Nach der Besichtigung des Klosters (einem der wenigen in Venedig, das der von Napoleon angeordneten systematischen Zerstörung entging) sollte man sich die Kirche ansehen, in der der armenische Mönch Mechithar begraben liegt, der Gründer der katholisch-armenischen Ordensgemeinschaft unter der Benediktinerregel. Sehenswert sind auch das Refektorium, eine Druckerei aus dem ausgehenden 18. Jahrhundert, ein Museum und eine Bibliothek mit illuminierten Handschriften unterschiedlicher Herkunft. 1816 weilte der englische Dichter Byron im Kloster und lernte Armenisch; ein Raum des Museums ist ihm gewidmet. Das von Gärten umgebene Kloster ist eine Oase des Friedens und der Beschaulichkeit, sein Besuch eine Bereicherung jeder Venedig-Reise.

EINE WALLFAHRT IN DIE HEIMAT RUSKINS

In Cumbria, im Lake District, gibt es ein **Ruskin Museum**. Im Alter von 53 Jahren, ein Jahr, nachdem Proust auf die Welt kam, kaufte Ruskin sich in Coniston das Landhaus Brantwood. Dort lebte er bis zu seinem Tod im Jahr 1900, und dort befanden sich auch seine Kunstsammlungen, zum Beispiel die der Präraffaeliten. Seine Cousine und ihr Mann, Joan und Arthur Severn, beide Maler, hatten im Haus ihre Ateliers. Nach dem Tod von Arthur Severn kaufte ein Bewunderer Ruskins, ein Mann namens John Howard Whitehouse, den Landsitz und gestaltete ihn zu einem Museum um, das 1934 eröffnet wurde. Gezeigt werden Ruskins Sammlungen und seine eigenen Zeichnungen. Das weiße, aus zahlreichen Gebäudeteilen bestehende Anwesen inmitten von Bäumen, idyllisch an einem stillen See gelegen, hätte Proust sicherlich zu mancher Anmerkung inspiriert. In Coniston gibt es ein weiteres Ruskin-Museum, in dem eine Ausstellung über Leben und Werk des Kunstkritikers gezeigt wird. Seit 1996 ist Coniston die Partnerstadt von Illiers-Combray.

Ein Tag in Paris mit Marcel Proust

- **Grand magasin du Printemps**
  Boulevard Haussmann
- **Charvet**
  8, place Vendôme
  Tel.: 00 33/1/42 60 30 70
- **Éditions du Lopal**
  4, rue de Castellane
  Tel.: 00 33/1/42 66 62 91
- **Old England**
  12, boulevard des Capucines
  Tel.: 00 33/1/47 42 81 99
- **Lachaume**
  12, rue Royale
  Tel.: 00 33/1/42 60 57 26
- **Brasserie Lipp**
  151, boulevard Saint-Germain
  Tel.: 00 33/1/45 48 53 91
- **Le Chalet des Îles**
  Parkplatz bei der Bootsanlegestelle
  Tel.: 00 33/1/42 88 04 69
  Geöffnet über Mittag und am Abend, geschlossen vom 23. Dezember bis 13. Februar
- **La Grande Cascade**
  Allée de Longchamp
  Tel.: 00 33/1/45 27 33 51
- **Le Pré Catelan**
  Route de Suresnes
  Tel.: 00 33/1/44 14 41 14
  Geschlossen Sonntag abends, montags und vom 6. bis 18. Februar
- **Parc de Bagatelle**
  Bois de Boulogne; Führungen
  Tel.: 00 33/1/40 71 75 23

Wer Lust hat, möge den Vormittag zu einem Einkaufsbummel in den Geschäften nutzen, in denen schon Marcel Proust seine Einkäufe zu tätigen pflegte. Er hatte seine Stammgeschäfte und hätte niemals woanders eingekauft. Seine Bediensteten, Céline und Nicolas Cottin ebenso wie Céleste und Odilon Albaret, hielten sich diesbezüglich strikt an seine Weisungen. Daß Prousts Geschmack nicht für jedermann erschwinglich ist, muß wohl nicht ausdrücklich erwähnt werden.

Einige Geschäfte von damals existieren nicht mehr. So kann man den frischgemahlenen Kaffee nicht mehr bei Corcellet kaufen, die Brioches nicht mehr bei Bourbonneux und das Teegebäck nicht mehr bei Rebattet, doch gibt es noch genügend andere Plätze zum »herumstöbern«. Das feine Schreibpapier mit dem echten Wasserzeichen bekommt man im **Printemps**, dem großen Kaufhaus am Boulevard Haussmann, die Oberhemden bei **Charvet**. Der Familienbetrieb wurde 1838 in der Rue de Richelieu gegründet, befand sich dann von 1880 bis 1921 an Ecke Rue des Capucines/Place Vendôme und ist heute an der Place Vendôme 8 zu finden. Hemden von Charvet genügen auch höchsten Ansprüchen; das Angebot umfaßt Maßanfertigung ebenso wie modische Accessoires. Die Krawatten von Liberty gehören zu jener Proustschen Phase, die Céleste Albaret als die »Periode der ›Kamelie im Knopfloch‹« *(Monsieur Proust)* bezeichnet, womit sie jene Zeit meint, als Proust sich noch gern in der Gesellschaft zeigte. Arthur Liberty hatte seinen ersten Laden 1875 in London gegründet. Der Erfolg war so überwältigend gewesen, daß er zwanzig Jahre später ein Geschäft in Paris an der Avenue de l'Opéra eröffnete; 1934 zog er an den Boulevard des Capucines um. Wer heute feine englische Stoffe sucht, ist in der Boutique **Éditions du Lopal** bestens aufgehoben. Bei **Old England** pflegte Proust seine schwarzen Lackhalbstiefel zu kaufen. Für Blumenfreunde ist **Lachaume**, eröffnet 1844, der richtige Ort; zu Prousts Zeiten befand sich der Laden in der Chaussée-d'Antin.

Vor dem Mittagessen kann sich der Spaziergänger an einem Bier in der 1880 gegründeten **Brasserie Lipp** laben. Proust schätzte das kühle Getränk sehr; nach dem Krieg schickte er Odilon Albaret ins Ritz, das näher lag, um Bier zu holen.

Für das Mittagessen bietet sich der **Bois de Boulogne** an. Man kann zum Beispiel mit der kleinen Fähre auf die Insel im großen See übersetzen und im **Chalet des Îles** die Ruhe genießen. Das anläßlich der Weltausstellung 1900 eröffnete Restaurant **La Grande Cascade** hat sich seine Belle-Époque-Ausstattung, den großen Salon Napoléon III sowie den Blick auf die hundertjährigen Bäume bewahrt.

Im **Pré Catelan** im Herzen des Bois wird der Gast im Sommer draußen im Garten, im Winter am heimeligen Kaminfeuer bewirtet. Wer möchte, unternimmt anschließend einen Spaziergang zu Schloß und Park **Bagatelle**.

Am Nachmittag kann man jene Proustschen Stätten besichtigen, in denen Museen eingerichtet wurden. Im Bankhaus **Varin-Barnier** etwa kann man sich das Zimmer ansehen, das einst Prousts Schlafzimmer war und in dem er so viele Jahre mit Blick auf die efeuüberrankte Mauer seine Notizen und Augenblickseinfälle zu einem gewaltigen Werk verarbeitete. Im **Musée Carnavalet** sind Zimmer berühmter Persönlichkeiten nachgebildet worden, neben jenem von Anna de Noailles und von Paul Léautaud auch Prousts Zimmer aus der Rue Hamlin, wo er von 1919 bis zu seinem Tod 1922 wohnte und das selbst praktisch eine exakte Nachbildung des Zimmers vom Boulevard Haussmann ist. Neben den Möbeln aus Familienbesitz – einem Paravent mit chinesischen Motiven, dem »Bett aus Messingstangen, die trübe geworden waren durch den Niederschlag des Räucherpulvers« (Céleste Albaret, *Monsieur Proust*) und in dem Proust *Auf der Suche nach der verlorenen Zeit* schrieb, zwei Sesseln, ferner einem schwarzlackierten Mahagonischreibtisch und einem verglasten Mahagonibücherschrank, die Proust von seinem Vater geerbt hatte – sind

Prousts Wohnsitz, Boulevard Haussmann 102

Der Speisesaal des Ritz

auch zahlreiche persönliche Gegenstände zu sehen, die dem Museum von Odile Gévaudan, Céleste Albarets Tochter, und dem Sammler Jacques Guérin zur Verfügung gestellt wurden: ein Porträt von Adrien Proust, eine Chaiselongue, die Reynaldo Hahn gehörte, der lederbezogene Spazierstock – ein Geschenk von Louis d'Albufera –, der möglicherweise derselbe ist, den Proust auf den letzten, vor dem Jeu de Paume entstandenen Aufnahmen in der Hand hielt. Sein berühmter Gehpelz muß in den Beständen aufbewahrt werden, weil ihm die frische Luft nicht bekommen würde.

Auf dem **Friedhof Père-Lachaise**, der 1803 angelegt wurde, ziert eine schlichte Grabplatte aus schwarzem Marmor das Grab von Adrien und Jeanne Proust und ihren beiden Söhnen Marcel und Robert. Nicht weit davon entfernt hat der 1947 verstorbene Reynaldo Hahn seine letzte Ruhestätte gefunden.

Im 1862 eröffneten **Café de la Paix** kann man eine kleine Pause einlegen. Hier verkehrten zahlreiche Persönlichkeiten des literarischen Lebens, neben Proust auch Zola, Maupassant, Oscar Wilde, Gide und andere mehr. Der berühmte Fotograf Nadar, der eigentlich Félix Tournachon hieß, hatte sich im Grand Hôtel, zu dem das Café de la Paix gehört, ein Atelier eingerichtet.

Wer den Abend à la Proust verbringen möchte, hat die Wahl zwischen der **Salle Pleyel** (früher Concert Lamoureux), der **Opéra Garnier**, der **Comédie française** und dem **Théâtre des Variétés**.

Das Abendessen wird man vorzugsweise im 1766 eröffneten Restaurant **Lapérouse** gegenüber der Île de la Cité oder im 1872 gegründeten Prunier, das seit kurzem **Goumard-Prunier** heißt, einnehmen. Die Spezialität des letzteren sind Fische, die Proust sehr gern aß, insbesondere gebackene Seezunge und Meerbarben, die er für die besten in ganz Paris hielt.

Das **Ritz** spielte in Prousts Leben eine bedeutende Rolle. 1898 ließ sich César Ritz vom Architekten Charles-Frédéric Mewès das Hotel seiner Träume entwerfen, für ein Stadtpalais, dessen Fassade 1698 von François Mansart geschaffen worden war. Mit dem Ritz kommt die Mode auf, Gäste außer Haus zum Diner zu empfangen, und so gibt sich bald Tout-Paris ein Stelldichein im feinen Hotelrestaurant. In ganz Europa findet der prunkvolle Palast Nachahmer. Von den Kriegsjahren an ließ sich Proust öfter einen Salon reservieren, um dort seine Freunde zum Essen zu empfangen. Olivier Dabescat, der Direktor des Restaurants, erteilte Odilon Albaret die Erlaubnis, auch dann, wenn das Restaurant bereits geschlossen war, ein kaltes Bier oder ein Himbeer- oder Erdbeereis zu holen, wenn es Monsieur Proust danach gelüstete.

Der Bois de Boulogne

- **Musée Carnavalet**
  23, rue de Sévigné
  Tel.: 00 33/1/42 72 21 13
  Geöffnet täglich außer montags und an Feiertagen

- **Friedhof Père-Lachaise**
  Geöffnet von 8.00 bis 18.00 Uhr.
  Prousts Grab liegt im nordöstlichen Teil, 85. Abschnitt.

Café de la Paix
5, place de l'Opéra
Tel.: 00 33/1/40 07 30 20

- **Opéra Garnier**
  Tel.: 00 33/1/40 01 22 63

- **Comédie française**
  Tel.: 00 33/1/44 58 15 15

- **Salle Pleyel**
  252, rue du faubourg Saint-Germain
  Tel.: 00 33/1/47 63 80 16

- **Théâtre des Variétés**
  7, boulevard Montmartre
  Tel.: 00 33/1/42 33 09 92

- **Lapérouse**
  51, quai des Grands-Augustins
  Tel.: 00 33/1/42 26 68 04

- **Goumard-Prunier**
  9, rue Duphot
  Tel.: 00 33/1/42 60 36 07

- **Le Ritz**
  15, place Vendôme
  Tel.: 00 33/1/43 16 30 30

- **Banque Varin-Barnier**
  102, boulevard Haussmann
  Geöffnet donnerstags von 14.00 bis 16.00 Uhr

Register

Die kursiven Ziffern verweisen auf Bildlegenden.

Orte

Personen

Zitatnachweis

Bildnachweis

Mit Ausnahme der abgebildeten Gemälde und der Archivaufnahmen stammen alle Illustrationen in diesem Band von François-Xavier Bouchart.

Seite 7: Paul Nadar, Photo B.N./Photothèque Hachette
Seite 11 (kleines Foto): Chambray/Photothèque Hachette, Sammlung Mante-Proust, Schnapp
Seite 12 (links): Photothèque Hachette; (rechts): Illiers-Combray, Musée Marcel Proust
Seite 18: Illiers-Combray, Musée Marcel Proust
Seite 24: Photo B.N./Photothèque Hachette
Seite 33 (kleines Foto): Photothèque Hachette
Seite 34: Atelier René-Jacques
Seite 44: Alexander Harrison, *Seestück*, Musée des Beaux-Arts/Giraudon, D. R.
Seite 48: B.N.
Seite 50: Paul Nadar/Arch. Phot. Paris, C.N.M.H.S.
Seite 53: Photothèque Hachette
Seite 58: Roger-Viollet
Seite 60: Roger-Viollet
Seite 62: Photothèque Hachette
Seite 64: Archiv Gräfin Violaine Komorowski
Seite 66: Atelier René-Jacques
Seite 69 (kleines Foto): Atelier René-Jacques
Seite 70: Roger-Viollet
Seite 73: B.N.
Seite 82: Photothèque Hachette, Sammlung Mante-Proust
Seite 85 (unten): Atelier René-Jacques; (oben): Roger-Viollet
Seite 87: Stadtbücherei von Chartres
Seite 93: Vermeer, *Ansicht von Delft*, Mauritshuis, Den Haag/Giraudon
Seite 95 (kleines Foto): Atelier René-Jacques
Seite 96: Photo B.N./Photothèque Hachette
Seite 98: Sammlung F.-X. Bouchart
Seite 100: Paul César Helleu, *Junge Frau mit Sonnenschirm auf einer Mole*, Giraudon, ADAGP, Paris, 1997
Seite 108: Photo B.N./Photothèque Hachette
Seite 116 (kleines Foto): Illiers-Combray, Musée Marcel Proust
Seite 119: Photo B.N./Photothèque Hachette
Seite 120: Photothèque Hachette
Seite 123: Photo B.N.
Seite 126: Photo B.N./Photothèque Hachette
Seite 130: Jean Béraud, *Das Chalet du cycle im Bois de Boulogne um 1900*, Roger-Viollet, ADAGP, Paris, 1997
Seite 132: Paul Nadar/Arch. Phot. Paris, C.N.M.H.S.
Seite 136: Photothèque Hachette
Seite 136 (links): Sammlung Mme. André-Maurois/Photothèque Hachette; (rechts): Atelier René-Jacques
Seite 139: Sammlung Mme. Lemaire, Aquarelle Madeleine-Jeanne/Photothèque Hachette D.R.
Seite 142: Photo B.N./Photothèque Hachette
Seiten 11, 33 (im Hintergrund), 104, 142 und 146–148, 150–152, 154–160, 162–163 (Rand): Aufnahmen von F.-X. Bouchart während der Dreharbeiten zum Film *Marcel Proust: A Writer's Life*, Regie Sarah Mondale, eine Wolfe-Carter-Produktion; 1992 Cine Golden Eagle Award und A Golden Apple Award, National Educational Film and Video Festival; mit Susana Lastreto (als Jeanne Proust), Tristan Calvez (als Marcel Proust) und Pablo Lopez (als Agostinelli).

Bibliographie

Werke von Marcel Proust

Die Bibliographie erhebt keinen Anspruch auf Vollständigkeit; sie beschränkt sich auf die in deutscher Übersetzung erschienenen Werke.

Auf der Suche nach der verlorenen Zeit, 3 Bände, Suhrkamp, Frankfurt/Main 1953–1957

Tage des Lesens, Suhrkamp, Frankfurt/Main 1962

Briefe zum Werk, Suhrkamp, Frankfurt/Main 1964

Briefwechsel mit der Mutter, Suhrkamp, Frankfurt/Main 1970

Briefe zum Leben, 2 Bände, Suhrkamp, Frankfurt/Main 1978

Der Gleichgültige, Suhrkamp, Frankfurt/Main 1978

Freuden und Tage, Suhrkamp, Frankfurt/Main 1988

Nachgeahmtes und Vermischtes, Suhrkamp, Frankfurt/Main 1989

Essays, Chroniken und andere Schriften, Suhrkamp, Frankfurt/Main 1992

Jean Santeuil, Suhrkamp, Frankfurt/Main 1992

Gegen Sainte-Beuve, Suhrkamp, Frankfurt/Main 1997

Beim Suhrkamp Verlag erscheint seit 1988 sukzessive eine revidierte Übersetzung des Proustschen Gesamtwerkes. Drei der sieben Bände des Romanzyklus *Auf der Suche nach der verlorenen Zeit* sind bereits erschienen *(Unterwegs zu Swann* 1994; *Im Schatten junger Mädchenblüte* 1995; *Guermantes* 1996*)*, vollständig vorliegen wird diese sogenannte *Frankfurter Ausgabe* voraussichtlich zum Herbst 2002.

Werke über Marcel Proust (Auswahl)

Céleste Albaret, *Monsieur Proust,* Kindler, München 1973

Marie Bibeso, *Begegnung mit Marcel Proust,* Suhrkamp, Frankfurt/Main 1991

Alain de Botton, *Wie Proust Ihr Leben verändern kann.* Eine Anleitung, S. Fischer, Frankfurt/Main 1998

Pierre Clarac und André Ferré, *Das Proust-Album.* Leben und Werk im Bild, Suhrkamp, Frankfurt/Main 1975

Luzius Keller, *Proust im Engadin,* Suhrkamp Frankfurt/Main 1998

Erich Köhler und Angelika Corbineau-Hoffmann, *Marcel Proust,* Erich Schmidt Verlag, Berlin 1994

Klaus Kremp, *Der Roman von Proust.* Ein Überblick, Stroemfeld, Frankfurt/Main 1988

Olof Lagercrantz, *Marcel Proust oder Vom Glück des Lesens,* Suhrkamp, Frankfurt/Main 1997

Claude Mauriac, *Marcel Proust,* rororo monographien, Rowohlt, Reinbek 1997

Philippe Michel-Thiriet, *Das Marcel-Proust-Lexikon,* Suhrkamp, Frankfurt/Main 1992

George D. Painter, *Marcel Proust,* 2 Bände, Suhrkamp, Frankfurt/Main 1962 und 1968

Ulrike Sprenger, *Proust-ABC,* Reclam, Leipzig 1997

Jean-Yves Tadié, *Marcel Proust,* Suhrkamp, Frankfurt/Main 1987

Renate Wiggershaus, *Proust.* Leben und Werk in Texten und Bildern, Insel Verlag, Frankfurt/Main und Leipzig 1992

Periodikum

Proustiana. Mitteilungsblatt der Marcel Proust Gesellschaft, Suhrkamp, Frankfurt/Main 1984–1998

Die Marcel Proust Gesellschaft wurde 1982 in Köln gegründet.
Kontaktadresse:
c/o Prof. Dr. Reiner Speck
Brahmsstraße 17, 50935 Köln
Fax: 02 21/4 30 10 92

Danksagung

Die Autorin bedankt sich bei allen, die ihr bei ihren Recherchen und bei der Herstellung des vorliegenden Bandes behilflich waren.

Ihr besonderer Dank gilt: Anne Borrel, Vorsitzende der Société des amis de Marcel Proust et des amis de Combray und des Institut Marcel Proust International; William C. Carter, Redaktionsmitglied bei *Bulletin Marcel Proust*, Autor von *The Proustian Quest* (New York University Press), Coproduzent und Drehbuchautor von *Marcel Proust: A Writer's Life;* Laure Bellœuvre, Historikerin, Madeleine Perriot, Kunsthistorikerin, sowie Anne Borrel und William C. Carter dafür, daß sie das Manuskript durchgesehen haben; Isabelle Arcos, Bibliothekarin in Trouville, Madame Baud, Bibliothekarin in Thonon-les-Bains, Joseph Ticon, Vorsitzender der Académie chablaisienne in Thonon-les-Bains, Gräfin Komorowski für die wertvollen Informationen; Monsieur und Madame Claude Beauthéac, France Daguet, Christiane Fabre de Morlon-Forlani, Sandra und Pascal Flamand, Emmanuelle Gallo, Monsieur Lerossignol und Madame Loisnard, Éric Le Hucher, Ghislaine Lenseigne, Marie-Antoine Monnier, Monsieur und Madame Gérard Niel, Franklin Picard, Évelyne Pomey, Anne Salaün, Jany Sellier, Victoria Slowe, Monsieur und Madame Jean-Yves Viaud, Christine Vignon, Alain Zerroux und der Société Net Micro, Kitticha Sangmanee; den Fremdenverkehrsämtern in den im Kleinen Reiseführer genannten Städten und Gemeinden, den Vorsitzenden der einzelnen Verbände, Vereine und anderer Einrichtungen, den Konservatoren der aufgeführten Museen; außerdem: Patrick Sionneau vom Casino in Évian; Michèle Obrecht und Monsieur Blenet vom Grand Hôtel in Cabourg; Ludovic Rozac vom Museum in Coucy-le-Château; Frédéric Chappey von den Museen in l'Isle-Adam; Madame Bialek vom Museum Jacques-Émile Blanche in Offranville; Pascal Boissel vom Café de la Paix in Paris sowie dem Museum Marcel Proust in Illiers-Combray.

Die Vorlesungen von Jean Milly, Professor an der Universität Paris III (Sorbonne Nouvelle), und von Pierre-Louis Rey, dem Direktor des Centre d'études proustiennes an der Universität Paris III (Sorbonne-Nouvelle), haben wesentlich dazu beigetragen, meine Kenntnisse über die Entstehung des Proustschen Werkes zu vertiefen.

Ich möchte mich außerdem bei allen jenen bedanken, die wir hier nicht aufgeführt haben, die aber François-Xavier Bouchart in der Vergangenheit bei seiner Arbeit unterstützt haben.